Joseph Alexander von Helfert

Die Schlacht bei Kulm 1813

Europäischer Geschichtsverlag

Joseph Alexander von Helfert

Die Schlacht bei Kulm 1813

1. Auflage | ISBN: 978-3-73400-708-8

Erscheinungsort: Paderborn, Deutschland

Erscheinungsjahr: 2015

Europäischer Geschichtsverlag ist ein Imprint der Salzwasser Verlag GmbH, Paderborn.

Nachdruck des Originals von 1863.

Joseph Alexander Freiherr von Helfert

Die Schlacht bei Kulm 1813

e g v

Die

Schlacht bei Kulm

1813.

Von

Joseph Alexander Freiherrn von Helfert.

Mit einem Uebersichts-Kärtchen des Schauplatzes.

Wien, 1863.

Aus der kaiserlich-königlichen Hof- und Staatsdruckerei.

In Commission bei Prandel & Ewald.

Nach fünfzig Jahren!

Im Posthause von Arbefan den 6. Auguſt 1863 Abends.

Mehr als fünfzig Jahre waren verfloſſen, ſeit das herrliche Tepliter Thal zum leßten-
male feindliche Heerhaufen in blutigen Zuſammenſtoß mit den Vertheidigern des heimatlichen
Bodens gerathen ſah — Anfang Auguſt 1762; die folgenloſe und unbedeutende Demonſtra-
tion im Auguſt 1778 iſt kaum in Anſchlag zu bringen! — und wieder werden es binnen
wenig Wochen volle fünfzig Jahre ſein, daß in dieſen Gründen der leßte Kanonendonner ver-
hallte, womit zwei große Heeresmaſſen in gewaltigem Kampf und Gegenkampf das Recht des
Stärkeren gegen einander durchzuſeßen rangen.

Und inmitten dieſes ausgedehnten Zeitraumes von hundert Jahren, unter deſſen Seg-
nungen dieß „Wunderland Böhmen“ erblühte und erſtarkte, waren es im Grunde nur zweimal vierundzwanzig Stunden, die einen Riß in die lange Reihe von Kriegsnoth freier Tage
machten. Allein jene zwei Tage gehören den denkwürdigſten der Geſchichte unſeres Vaterlandes an; denn ſie waren reich an heldenmüthiger Tapferkeit, an hingebender Treue und
Ausdauer, an glänzendem Siegesruhm; ſie waren aber auch reich an Blut, an Schrecken, an
lang nachwirkendem Elend.

„Es kann ſich ein jeder vorſtellen“, heißt es in einer handſchriftlichen Aufzeichnung der
merkwürdigen Begebenheiten „beyn Stabl Karbiß“, „wie eine ſchlechte Zeit und Theuerung
entſtanden iſt, daß Viele ausgewandert, auch betteln gehen müßen, aus großer Noth; und
ſind viele Menſchen geſtorben. Es iſt faſt nicht zu beſchreiben, die Übel, die die Menſchen
haben leiden müßen, weillen die Ruſſen alles ausgeraubet, geblindert, denen Leuten Gleidung
ausgezogen, Stiefeln und was ſie nur haben bekommen weggenommen.“

* * *

Von Tetschen-Bodenbach führt die Straße durch ein schmales höchst malerisches Thal bis Eulau. Hier verließen wir den Wagen und schlugen zu Fuß die Richtung gegen Schneeberg ein. Es führt jetzt eine treffliche Fahrstraße in mäßig ansteigenden Windungen dahin; vor fünfzig Jahren dagegen war der sogenannte „Pflasterweg", aus großen Steinen roh zusammengelegt, die einzige Kunststraße, wenn man den Ausdruck gelten lassen will, in dieser Gegend. Aber rüstige Wanderer werden heute noch, um den Weg zu kürzen, diesen Ueberrest von Straßenbau vergangener Jahrzehnde benützen; sie werden das unverdrossen thun, wenn auch schwere Wolken drohend am Himmel hängen, wenn weilenweise die Drohung zur Wirklichkeit wird, und wenn sie dann unter das lebendige Dach des Waldes tretend aus dem Regen in die Traufe kommen — „Darum kann der Schwarze den Wald nicht leiden, weil es da zweimal regnet," sagt das Volk —.

Wir verließen den alten Pflasterweg und die neue Schneeberger Straße und bogen links ab; denn ich wünschte den Czeischkenstein zu sehen, der in der Nachgeschichte der Kulmer Schlacht eine so eigenthümliche Rolle spielt. Ohne Weg und Steg durch nasses Gesträude waldeinwärts schreitend, waren wir bald an Ort und Stelle. Wir standen oberhalb einer kleinen Halbrundung von etliche Klafter hohen Sandsteinwänden, an deren östlichem Ende, uns zur linken, ein etwas höherer Felsblock abgesondert emporsteht, der, nur den vertrautesten Anwohnern und Besuchern dieser Waldeinsamkeit bekannt, den Namen des Czeischkensteins führt. Die Sandsteinwand, oder vielmehr die vielfach durchbrochene und gespaltene Reihe von Sandsteinblöcken, setzt sich eine lange Strecke bis gegen Tissa fort und etwa ein Halbstündchen von unserem Standpunct — so belehrte mich mein gefälliger Begleiter — ist eine Stelle, wo die Felsen derart eng übereinanderliegen, daß nur ein einzelner Mann durchkommen kann, um den Fußweg, der von Königswalde da hinaufführt, auf der anderen Seite fortzusetzen. Aber auch der Pfad, den wir, vom Amphitheater des Czeischkensteines herabsteigend, gegen den östlichen Anfang von Königswalde betraten, ist jetzt noch eng und steinig, von Heidekraut überwuchert, steil, stellenweise abschüssig, und bei nassem Wetter oder bald nach starken Regengüssen, wie etwa nach dem 27. und 28. August 1813, äußerst schlüpfrig, so daß man sich vorstellen kann, wie flüchtige, um die Rettung von Leib und Leben besorgte Menschen alles von sich werfen, um nicht in die Hände eines von allen Seiten auflauernden Feindes zu fallen.

In Königswalde nahm ich von meinem Gefährten dankend Abschied und fuhr allein weiter. Königswalde ist ein langgestrecktes Dorf, durch das sich die Fahrstraße nach Arbesau vielleicht eine halbe Wegstunde hinzieht; dann biegt es rechts gegen die Berge ab und dehnt sich noch eine gute Strecke fort, so daß die letzten Häuser des Ortes fast mit den ersten von Nollendorf zusammenstoßen.

* *
* *

Nächst dem Posthause von Arbesau erheben sich das österreichische und das preußische Monument. Ein nettes Häuschen, einige dreißig Schritte aufwärts von der Straße dem österreichischen Monumente gegenüber, ist die Wohnung des alten Kriegers, der die Schlüssel zur Umfriedung in Aufbewahrung hat. Ein silberhaariger Greis mit weißem buschigen Schnurrbart und geröthetem Antlitz. 1804 war er zu den Feldjägern gekommen, hatte 1805 und 1809 mitgefochten; 1813 wurde er in Lieben für den Dienst beim Generalstabe abgerichtet; er war nun sogenannter reitender Jäger und in dieser Eigenschaft bei Dresden, bei Kulm, bei Leipzig in Verwendung. „Ich war meistens", erzählte mir der gesprächige Alte, „dem Hauptquartier zugetheilt. Wie oft hat mich R a d e ß k y herbeigewinkt, auf einen Zettel ein paar Zeilen mit Bleistift hingeschrieben: „„Damit reite dort zum Fürsten Liechtenstein, zum Grafen Merveldt hin; der wird dir Truppen weisen und diese führst du mir da auf diese Stelle her!"" und mit dem Finger bezeichnete er mir den Platz, wohin ich ihnen den Weg zu zeigen hatte."

Das preußische Monument, das früher heimlich und anmuthend inmitten der Bäume hervorblickte, die sein umgittertes Gevierte dicht und buschig von drei Seiten umgaben, hat eben jetzt eine Umstaltung zu erleiden, für die seine ursprünglichen Verhältnisse gar nicht berechnet waren: es wird auf einen hohen Sockel gehoben, um dem österreichischen und russischen nachzukommen.

Einige hundert Schritte davon in der Richtung gegen S c h a n d e zeigt man den Ort, jetzt eine Wiese, wo Vandamme gefangen wurde und von wo er, weil dort die Kugeln noch heftig hin und her saußten, ein Stück über dieStraße weg gegen Nieder-Arbesau geführt wurde.

Auf dem Wege vom Posthause zum preußischen Monument kommt man an einem alten Kreuz auf steinernem Unterbau vorbei. „Da sehen Sie", sagte der Invalide, „hier eine Narbe im Stein und da wieder eine. Die rühren vom Rückzuge von der Nollendorfer Höhe her, wo die Russen jede Stelle benützten, um die Franzosen, die ihnen auf der Ferse folgten, aufzuhalten; aber wenn dann die Franzosen ihre Geschütze brachten und Kartätschen feuerten, dann mußten sich die Russen wieder weiter drücken."

Ein paar Schritte links vom Posthause, das unmittelbar vor der Einmündung der Aussiger und der Bodenbacher in die Teplitz-Peterswalder Straße steht, erhebt sich hoch und frei, vom Doppelaar mit dem gen Himmel emporgehaltenen Siegeskranz gekrönt, der eiserne Obelisk, den „das österreichische Heer einem seiner Führer auf dem Felde des Ruhmes" aufgerichtet hat, dem Grafen Hieronymus Colloredo-Mannsfeld, mit Bianchi, Sorbenburg, Philipp von Hessen e i n e m der Führer unserer Truppen am glorreichen Tage des 30. August 1813 i . . . Doch sehe ich auch recht? Es ist der 30. August gar nicht gemeint; hier auf der von der Straße abgekehrten Seite steht der 17. September 1813, der Tag jenes vergleichsweise weniger bedeutenden Nachspiels der entscheidenden Großthat vom 30. August! Zwar war es an jenem Tage der große Napoleon selbst, an letzterem nur einer seiner Feldherren, der die französischen Heerschaaren führte. Allein am 30. August war es eine gewaltig entscheidende Schlacht, am 17. September dagegen galt es bloß einer Erkennung des Gegners; so zum mindesten legte es Napoleon aus und machte es alle Welt glauben. Das russische Monument bei Pristen nimmt mit Recht die Ehre des 29. August 1813 für sich in Anspruch, das preußische ehrt in bezeichnender Weise „die gefallenen Helden" des 30. August, und uns gehörte nur die Recognoscirung, die militärische Demonstration, der strategische Versuch des 17. September? Und doch hat „das österreichische Heer" diese Denksäule aufgerichtet! Kannte das österreichische Heer nicht den Unterschied des 17. September vom 30. August? Oder hatte es, als es dieß Monument errichtete, die Verdienste seiner Führer und seiner Truppen am 30. August nicht mehr in Erinnerung? Am 30. August 1813 haben mit Ausnahme von Rajefski's Grenadieren und Knorring's Reitern die Russen — und wer wird das nach ihrer ungeheuren Anstrengung am Tage zuvor nicht erklärlich finden? — vergleichsweise matter eingegriffen; die Preußen waren gänzlich in Unordnung gebracht und hielten die Schlacht für verloren; aber die Oesterreicher waren es, Colloredo mit seinen böhmisch-mährischen Regimentern, Bianchi und Philipp von Hessen mit ihren ungarischen Schaaren und die unaufhaltsamen Dränger des Tages, die galizischen Dragoner von Erzherzog Johann, die auf allen Punkten des Schlachtfeldes entscheidend zum Siege beitrugen! . . .

Etwa hundert Schritte rechts abseits der Straße, die nach Bodenbach führt, mitten zwischen Wiesen und Feldern, schließt ein, zwar nicht lebendiger, aber doch natürlicher Zaun — unbehauene Basaltsäulen bilden ihn — ein ziemlich geräumiges Gevierte ein, in dessen Mitte sich auf einem kleinen Basaltblocke ein einfaches Kreuz erhebt, dem Gedächtnisse des preußischen Generalstabs-Officiers Carl Ferdinand Freiherrn von Röder geweiht, der auf diesem Platze am 30. August 1813 bei der Erstürmung von Ober-Arbesau den Heldentod starb. Ehre dem Tapfern und Preis den Wackern, die dessen Andenken würdevoll geehrt! Doch ein paar Wegminuten weiter fiel bei der Erstürmung von Nieder-Arbesau ein anderer Tapferer, der österreichische General Graf Franz Chiesa, gleichen Schicksals wie Röder, aber einflußreicher als dieser auf das wichtigere Ereigniß; denn Ober-Arbesau wurde den Preußen im Laufe heißer wechselvoller Stunden wieder entrissen, aber das von den Oesterreichern nach heftigem Kampfe eroberte Nieder-Arbesau blieb in ihren Händen und dieser Schlag vollendete die Niederlage des Feindes! Wer das Denkmal Colloredo's besieht, den macht der Invalide auf das Grabmal Röder's aufmerksam. „Ich muß das ja thun", sagte er mir; „sonst, wenn Jemand hier gewesen wäre und erst nachträglich erführe, was sich in seiner Nähe befand, würde er mir nicht mit Recht die Schuld geben?" Allein von unserem General Chiesa sprach mein Geleitsmann nichts; und kann er etwas dafür? Welches ist die Stelle, wo Chiesa getroffen zu Boden stürzte? Niemand weiß es. Wer war Chiesa, welches seine Herkunft, seine Laufbahn, was waren seine früheren Thaten? Vergebens suchen wir darnach in biographischen Lexiken, in Büchern und Zeitschriften!

Wenn wir selbst uns in der Erinnerung an hervorragende Verdienste der Unsrigen so fahrläſſig zeigen, dürfen wir uns darüber beklagen, daß ſie in den Aufzeichnungen unſerer Rivalen vollends in den Hintergrund geſtellt werden? Die Zeiten ſind hoffentlich für immer vorbei, da unſere Behörden ſo ungemein rückſichtsvoll und zartfühlend für freundnachbarliche Beziehungen waren, daß ein vaterländiſcher Patriot eine Steeple-chaſe von Schwierigkeiten und Hinderniſſen durchzulaufen hatte, um das Gedächtniß unſeres Sieges bei Kollin durch ein einfaches Denkmal zu bewahren, während zu Ehren des bei unſerer Prager Niederlage vor Sterbohol gefallenen feindlichen Feldherrn Schwerin ein eigener Bewachungs-Invalide vor deſſen Ruhmesſäule unterhalten wurde! Wir waren ſo demüthig beſorgt, fremden Verdienſten nicht nahe zu treten, daß wir die Anerkennung vergaßen, die jedes ſelbſtbewußte Volk ſeinen eigenen ſchuldet.

Letzter Tage kam in befreundetem Kreiſe das Geſpräch auf die Schlacht bei Kulm. Kleiſt, der tapfere Kleiſt wurde rühmend genannt; auch Prinz Eugen von Würtemberg ſei nicht zu vergeſſen, meinten Andere — Oſtermann war ein unzurechnungsfähiger Narr, das iſt jetzt Mode-Anſicht —; doch von unſeren Generalen und Truppen ſprach kein Menſch. Hat nicht einmal ein Hieronymus Colloredo exiſtirt? Hat es nicht einen gewiſſen Bianchi gegeben? Hatte nicht auch ein Regiment Dragoner — wie hießen ſie nur dazumal? — bei der Affaire etwas zu thun? Wenn ich die Fragen nicht ſelbſt beantwortet hätte, ich fürchte, keiner der Uebrigen würde dieſe Räthſel zu löſen vermocht haben.

Es iſt wohl höchſte Zeit, daß das anders werde!

Wir wollen uns nicht mit fremden Federn ſchmücken; aber wir wollen auch nicht länger dulden, daß man uns die unſrigen ausrupfe!

* * *

Auf dem Horkaberge bei Kulm den 7. Auguſt 1863 Vormittags.

Ein Kaiſer Karls Tag! Die Wolken des geſtrigen Tages haben ihren Platz noch nicht geräumt, obgleich ſie nicht eben Regen drohen; hin und wieder ſchieben ſie ſich auseinander und laſſen triefend ein Stück blauen Himmels herausblicken; zeitweiſe bricht auch die Sonne durch, erwärmend aber nicht ſengend. So mochte es am 29. Auguſt 1813 ausgeſehen haben, an deſſen frühem Morgen der Nebel wich, nachdem ſich der Himmel durch länger als 48 Stunden zuvor ausgeregnet hatte; am zweiten Schlachttag hingegen war es brennend heiß, die Sonne glühte aus der faſt wolkenloſen Höhe herab. — — —

VIII

„Horka-Berg", ein sonderbarer Name, ein zweites „König Pharao"; denn „horka" ist eben „kleiner Berg"; allein die ungeschickte Bezeichnung hat sich einmal so eingebürgert, daß sich dagegen nicht ankämpfen läßt.

Ich schritt von dem Kirchlein, vor dessen verschlossenem Eingang ich schauend und sinnend eine Weile gesessen, auf der Bergkuppe weiter vorwärts und kam, um einen Vorsprung des Gebüsches herumbiegend, in die Nähe eines kleinen Häuschens, vor welchem ein Weib sitzend mit einem Kinde beschäftigt war. Ich frug sie um die Namen einiger Orte; sie gab Auskunft, allein offenbar nicht gern; ich sah mich daher auf mich selbst und auf das elende Kärtchen angewiesen, das ich eben zur Hand hatte.

Vor mir zur Rechten gegen die waldigen Abfälle des böhmisch-sächsischen Erzgebirges hin liegt, die Häuser fast ganz zwischen Bäumen versteckt, Straden, etwas dahinter, mit dem einen Ende an die Teplitzer Straße gelehnt, Pristen, von dessen Wohn- und Wirthschaftsgebäuden wie bei Straden aus Bäumen und Buschwerk kaum die Dächer hervorblicken. Den Theil des Kulmer Schlachtfeldes vom Horkaberge bis hinter Pristen hinaus kann man sich am einfachsten als eine vom Gebirgsrande gegen die Thalsohle sanft abfallende und der Quere nach mäßig gewellte Ebene vorstellen, die mit Bäumen übersäet und von Hecken vielfach durchschnitten den Anblick eines großen Obstgartens gewährt. Häuser waren vor fünfzig Jahren gewiß weniger als heute, dagegen wahrscheinlich mehr kleine Büsche und Ausläufer der Gebirgswaldung reichten mitunter wohl tiefer in das bebaute Land herein. Von den herrlichen Kunststraßen, die jetzt die fruchtbare und gewerbsreiche Gegend nach allen Richtungen durchziehen, bestand damals wohl nur die „neue" Teplitzer Straße nach Sachsen über Tellnitz und Nollendorf — die damals schon so genannte „alte" Teplitzer Straße nach Dresden wand sich an der östlichen Lehne des Geiersberges, die Ruine rechts lassend, nach Ebersdorf hinauf und lief dann durch Fürstenwalde, Breitenau, Liebstadt — und auch diese kaum in dem tadellosen Zustande wie heute. Die rothen Dächer der steinernen Gebäude, die jetzt aus dem saftigen Grün der Bäume hervorblicken, rühren wohl auch erst aus jenen Tagen her, während früher gewiß, wie in andern von Feuernoth nicht heimgesuchten Gebirgsdörfern heute noch, Holz und Stroh als Baumaterial vorherrschte. Das würde auch die schnell um sich greifenden Brände erklären, die am 29. und 30. August 1813 fast alle Orte des Kampfplatzes in Asche legten.

Links von Straden und von der Straße zieht sich, von Bächen durchschnitten, deren Lauf Reihen von Bäumen und buschigen Gruppen verfolgen lassen, eine fruchtbare Niederung, Felder und Wiesen mit einander wechselnd, gegen einen etwa eine halbe Stunde entfernten größeren Ort hin, das Städtchen Karbitz.

Wenn man von den Ortschaften, die näher und entfernter vor uns liegen, den Blick in die unmittelbare Nähe zurückführt, sieht man gerade nach Kulm hinein, das sich um den

Fuß des Horkaberges herumzieht, durchaus Steinbauten mit Ziegeldächern, zum Theil ansehnliche Gehöfte . . . .

Ich gehe wieder zu dem Dreifaltigkeitskirchlein zurück und nehme meinen früheren Sitz zu Seiten der Eingangsthüre ein. Zu meiner Rechten schließt der bis in die unmittelbare Nähe des Kirchleins heraufziehende Wald alle Aussicht ab; zur Linken blicke ich ungehindert in das offene Land und sehe über den dichtbelaubten Kulmer Park, aus dessen Dunkel ein kleiner Teich oder See hervorblinkt, auf eine Anhöhe hinüber, ungleich bedeutender als die übrigen Erhöhungen, die jenseits den Thalgrund begränzen; der nördliche Abhang, gegen Kulm gelegen, und ohne Zweifel auch die von mir abgekehrte Seite zum größten Theile dicht bewaldet; die übrigen Lehnen und die höckerige aber ausgedehnte Höhe von Feldern und Wiesen eingenommen, nur hie und da von dichteren Baumgruppen oder kleinerem Gehölze durchbrochen, und mitten auf dem breiten Rücken blinken aus Gärten und Hecken die rothen Ziegeldächer einer Dorfschaft hervor; bald Strischowitz, bald Střeschewitz, bald Strisowitz lautet die Aussprache im Munde der Leute. Es ist der Strisowitzer Berg, den man vor sich hat, der Schlüssel zum Siege von Kulm. Den hatte Vandamme unvorsichtig nicht besetzen lassen und Colloredo wußte rasch den ihm in die Hände gespielten Vortheil zu benützen. Unbemerkt vom feindlichen Feldherrn hatten Colloredo und Chiesa mit drei Regimentern die Höhe erstiegen; jetzt werfen sie die französische Abtheilung, die dort am nördlichen Abhänge aufgestellt ist, den Berg vollends hinunter, steigen selbst in die Ebene hinab, besetzen Deutsch-Neudörfel — links vom Fuße des Strisowitzer Berges ist es deutlich zu sehen — und rücken gegen Auschine vor, während dort rechts vom Berge von Karbitz her Sorbenburg's Dragoner, Knorring's Uhlanen und Kosaken an verschiedenen Puncten hervorbrechen, Verderben bringend, wohin sie in sausendem Galopp mit geschwungenen Schwertern oder eingelegten Piken unaufhaltsam angestürmt kommen, und gleichzeitig über die sanfte Erhebung zwischen Karbitz und Böhmisch-Neudorf, das durch sie von hieraus bis auf einige hervorragende Dächer gänzlich dem Blicke entzogen wird, Bianchi's und Abele's geschlossene Schaaren in fortwährenden Kämpfen von Stelle zu Stelle rücken. Vergebens sendet Vandamme von Kulm weg frische Bataillone und Schwadronen den Oesterreichern entgegen; schon nähert sich Bianchi der Chaussée, von Pristen her drängen die Russen, vom Gebirgsrande Prinz Hessen und Rajefski, in seinem Rücken sperren die Preußen den Eingang der Nollendorfer Straße ab, Colloredo bereitet sich zum Sturme gegen Nieder-Arbesau vor. In Eile verläßt Vandamme den Herrenhof von Kulm, in den unmittelbar darauf Major Call an der Spitze des böhmischen Regimentes Argenteau dringt. . . .

Und auf den Schauplatz dieses wilden und wirren Getriebes hart am Fuße des Gränzgebirges, das zum Schutze Böhmens gegen Norden aufsteigt, schauen aus stundenweiter Entfernung, in nebelhaftes Grau getaucht, doch mit ihren schön gezeichneten Linien sich scharf vom Horizont abschneidend, in ernster majestätischer Ruhe die Spitzen des böhmischen Mittelgebirges herab; dort vom Boren bei Bilin, dem geologischen Wunder, der über den näheren Teplitzer Schloßberg herüber sieht, bis zu der langen Kette, von welcher die beiden herrlichen Pyramiden, der große und der kleine Mileschauer emporsteigen! Als Napoleon am 10. September 1813 vor Ebersdorf am Rande des Gebirges stand, da war es der Anblick dieser wunderbaren Kette, die ihn von seinem gegen Böhmen gefaßten Entschlusse abbrachte. Er hatte gemeint, in das Land schauen zu können, dessen Boden er niemals betreten; allein da stand dieser mächtige hochaufgethürmte Wall, der ihm die Aussicht verschloß, und wie er seinen forschenden Blick aufhielt, so schien er als eine zweite feste Gränzwacht drohend ihm auch den Eintritt zu verwehren. „Ich will den Feind hier nicht angreifen", sprach Napoleon zum Marschall St. Cyr, „ich will mich zurückziehen!"

*   *   *

Priften, den 7. Mittags.

Das Gasthaus „zum Lorbeerkranz", wo ich abstieg, liegt hart an der Teplitzer Straße. Ich machte mich sogleich auf den Weg, die beiden berühmten Stellen aufzusuchen, mit denen ich mich in den letzten Wochen im Geiste so viel beschäftigt hatte. Ich fragte keinen Menschen um den Weg dahin; ich traute mir zu, sie allein zu finden. Ich ging den ersten besten Weg, der vom Gasthause gegen das Gebirge führte; ich irrte etwas gegen Straden hin ab, allein ich machte mir daraus nichts; trat ich doch mit jedem Schritt theuer erkauften Boden! Denn hier von Straden und Pristen bis an das Gebirge hin galt es am 29. und 30. August 1813 den erbittertsten Kampf, und fast Mann an Mann lagen nach geendeter Schlacht auf dieser ganzen Strecke Todte und Verwundete. „Wie manche Heldenthat", ruft der sächsische Oberst Heinrich After aus, dem wir das verdienstvolle Hauptwerk über diese Ereignisse verdanken, „wie manche Hingebung für Freund und Kameraden mögen die blutigen Tage von Kulm geboren haben! Solcher Thaten sind gewiß viele mit ihren Urhebern zu Grabe gegangen; denn es ist eine schmerzliche Mitgift des Kriegerstandes, daß die Namen unzähliger Tapfern mit ihrem Blute auf immer ausgelöscht werden."

Ich kehrte von dem Arme des Stradenbaches, den ich überschritten hatte, wieder um und ging eine Strecke den Weg zurück, den ich gekommen war. Dann verfolgte ich die Richtung, von der ich jetzt gewiß war, das eine meiner Ziele zu erreichen; die Felder sind hier so reich mit Obstbäumen bepflanzt, daß ich darauf verzichten mußte, es von weitem sehen zu können. Ich kam an eine Kreuzung von Fahrstraßen, deren eine längs des Gebirges, die andere vom Gebirge herab führte; da gewahrte ich eine unansehnliche Weg-Kapelle, auf die ich, nun meiner Sache vollkommen sicher, rascheren Schrittes losging. Sie hatte nichts hervortretendes, weder nach ihrer Größe und Bauart, noch nach ihrer Lage; allein ihr zur rechten erblickte ich eine schwarze Holztafel auf einem niedrigen eben solchen Pfahl, worin ein verschlossener Opferstock, und entzifferte mit einiger Mühe folgende halb verwitterte Inschrift:

„Man bittet den gutherzigen Wanderer um eine milde Gabe für die gefallenen Helden in der Schlacht 1813 den 29. August hier bei Priſten — für ihr Seelenheil auf heilige Messen."

Die letzteren Worte sind nach der Art ihrer Anbringung offenbar späterer Zusatz. Es war kein Zweifel mehr, ich stand vor der Juchten-Kapelle, in deren Nähe die Körper der Gefallenen, wie die Berichte sagen, nach der zweitägigen Schlacht gleich Wällen aufgehäuft lagen. Sie hat ihren Namen, wie Oberst After angibt, von einem in der Nähe wachsenden Kraut, das einen eigenthümlichen juchtenähnlichen Geruch verbreitet. Die Entscheidung überlasse ich einem Pflanzenkenner. Der Invalide beim russischen Monument, den ich später um die Ursache jener Bezeichnung fragte, wußte mir keine anzugeben; er habe wie oft darnach geforscht, aber von niemand eine rechte Auskunft erhalten können. Die Kapelle steht am Rande eines üppigen Erdäpfelfeldes, wie überhaupt die Fruchtbarkeit überall herum groß zu sein scheint. Man sagt, das sei überall auf blutgetränkten Schlachtfeldern der Fall; allein nach vollen fünfzig Jahren dürfte von dem kostbaren französisch-moskowitischen Dünger kaum mehr ein Atom vorhanden sein.

Ich dachte einen ernsten Segenswunsch, ohne Worte zu sprechen oder die Lippen zu bewegen, und machte mich dann auf, das zweite Ziel meiner Wanderung zu erreichen. Der ziemlich verwahrloste Fahrweg, der gerade zum Gebirge hinauf führt, muß mich dahin bringen. Als ich an den Anfang der Waldregion kam, lag ein kleiner höckeriger Junge im Gesträuppe links vom Wege. Ich frug ihn, ob ich da zu einer Mühle käme? Hier sei nirgends eine Mühle, sagte er; nur zu ein paar einsamen Häuschen führe der Weg. Ich ließ mich dadurch nicht irre machen, sondern ging die holperige Straße, die jetzt vollständig in den Wald tritt, weiter. Nicht lange, so stand ich in einem kleinen Kessel, den mehrere Waldhügel, Vorsprünge des hinter ihnen ansteigenden Gebirges, bilden und ein von letzteren herabkommender Bach durchfließt; vielleicht dreißig Schritte vor mir auf einer mäßigen Erhöhung stand ein Häuschen, ein zweites etwas größeres mir zur rechten am andern Ufer des zwischen ihnen munter dahin plätschernden Waldbaches. Ein Mädchen von acht bis zehn Jahren mit zwei kleineren Kindern die von ersterem herabkamen, sagten geschreckt und verlegen auf alles ja, was ich sie fragte: „Ist jenes dort eine Mühle?" „Ja!" „Die Eggenmühle?" „Ja!" Eben trat aus dem Walde, auf dem Rücken eine schwere Last, die Rechte auf einen Gebirgsstock gestützt, ein alter Mann, an den ich mich sogleich wandte. Allein er gab mir auf dieselben Fragen nein zum Bescheid. „Ist das da eine Mühle?"

„Nein!" „Ja, heißt es denn hier nicht die Eggenmühle?" „Nein; hier heißt es beim Wegert; an dem ganzen Bache gibt es keine Mühle." Endlich riß mich ein Weib, die meinem Gespräche von dem obern Häuschen aus zugehört hatte und nun etwas näher herantrat, aus meinen Zweifeln: „Hier war eine Mühle," sagte sie; „aber die besteht schon lange Jahre nicht mehr; hier oben können Sie die Stelle sehen, wo sie ehemals gestanden hat, und dort weiter unten war ein zweites Haus, das zu ihr gehörte." Ich trat an die bezeichnete Stelle hin; eine Grube, offenbar durch Einsturz und Verschüttung entstanden, in der Tiefe etwa zwei Quadratklafter breit mit Gemüse bepflanzt, liegt hart am rechten Ufer des Waldbaches; einige Nadelbäume, den jüngeren Nachwuchs hinter ihnen überragend, umstehen den oberen Wall, der durch einen Theil der ineinander gefallenen Mauern entstanden sein mag; die halbwegs noch brauchbaren Steine sind, wie dieß in solchen Fällen immer geht, ohne Zweifel für den Bau der jetzt da stehenden Häuschen verwendet worden, die, wie mich später die Wirthin zum „Lorbeerkranz" belehrte, heute noch „die Mühlhäuseln" genannt werden. Die Lage der beiden Häuschen in der trauten Waldeinsamkeit ist eine ganz malerische und selbst abgesehen von der geschichtlichen Bedeutung des Ortes eines Abstechers werth. Die kleinen bewaldeten Kuppen — auf einer davon ist das Gehölz in der letzten Zeit abgetrieben worden und Felder nehmen dessen frühere Stelle ein — machen den hartnäckigen und erbitterten Kampf begreiflich, der hier fast zwei Tage lang ohne Unterbrechung wüthete und während dessen die Eggenmühle, von armen Verwundeten angefüllt, in Flammen aufging.

* * *

In der Nähe von Pristen, an der Straße gegen Teplitz zu, steht das russische Monument. Nach Anlage und Ausführung ist es das schönste von den dreien. Namentlich von der Straße aus, wo die dunklen Waldberge mit den Ruinen des sagenhaften Geiersberges auf einem der Vorsprünge des Gebirges den Hintergrund bilden, ist der Anblick bezaubernd. Das Gebäude für den Bewachungs-Invaliden, in geschmackvollem Style erbaut, stößt unmittelbar an den mit großer Sorgfalt gepflegten Raum, von welchem die Denksäule in geräumigem Gevierte umgeben ist. Die Säule ist auf dem Platze erbaut, auf welchem General Ostermann während der Schlacht des 29. August 1813 mit seinem Stabe stand und von wo man über Pristen weg auf den Horkaberg bei Kulm, den Standpunct seines Gegners Vandamme, hinübersieht. . . .

Warum mußte mir, ehe ich den Platz verließ, abermals unangenehmer Anlaß zu kritischen Bemerkungen geboten werden! Der Invalide führte mich in den kleinen Salon, in dem sich, wie er sagte, eine Abbildung der Schlacht bei Kulm befinde. Ich fand eine Lithographie, die ich in früheren Jahren oft gesehen zu haben mich erinnere, deren Darstellung mir aber damals, wo ich nur wußte was man eben allgemein glaubte, keinen besondern Anstoß erregt hatte. Sie stellt das Regiment Erzherzog Johann-Dragoner dar, im Anreiten zu einem neuen Unternehmen begriffen; ihr Oberst Sück, aus der Reihe herausgesprengt, steht mit verhaltenen Zügeln und gesenktem Degen vor dem Könige von Preußen, der ihn zum Angriff auf den bedrohten Punct auffordert oder ihm noch einige Weisungen gibt oder so etwas dergleichen. Eine solche Scene hat aber nie und nirgends stattgefunden. Friedrich Wilhelm III. war eigentlich der moralische Urheber der Schlacht bei Kulm; er bewog Oster-mann Stand zu halten und den Verbündeten Zeit zu lassen, ihre Kräfte aus dem Gebirge zu entwickeln — das war das große, nicht genug zu würdigende Verdienst des Königs von Preußen. Er hat auch dem Ostermann'schen Heere Verstärkungen zugeführt, unter andern den tapfern Oberst Sück, der eben aus dem Gebirge herauskam; allein einen Einfluß auf den Gang der Schlacht am 29. August hat der König durchaus nicht genommen. Vollends aber am 30. August haben sich Kaiser Alexander und König Friedrich Wilhelm, abgesehen davon daß sie während der entscheidenden Stunden vom Kampfplatze ziemlich entfernt waren, auch nicht den geringsten Antheil an der Vertheilung oder Verwendung der Truppen herausgenommen; Fürst Schwarzenberg würde sich das auch ohne Zweifel, nach den unglücklichen Erfahrungen, die er ein paar Tage zuvor bei Dresden gemacht, höflichst verbeten haben.

* * *

Teplitz, den 7. Abends.

Vor 25 bis 30 Jahren hatte Teplitz einen anderen Charakter als heute. Alles rief dazumal die ereignißvollen Tage aus den Befreiungskriegen in Erinnerung. Die Zeit war noch da oder nicht lange vorbei, da König Friedrich Wilhelm III. von Preußen, einer der drei mächtigen Alliirten aus jenen Tagen, alljährlich seinen Sommeraufenthalt in Teplitz nahm, sei es daß eine besondere Vorliebe für die reizende Gegend, sei es daß ernste Rück-erinnerungen an eine gefahrvolle und zuletzt doch glücklich bestandene Zeit ihn wochenlang in diese Kreise bannten. Der „Mont de Ligne", das „Hotel du Prince de Ligne", die Gasthöfe oder Häuser „zum König von Preußen", „preußisches Haus", „zum Königstein", „Ville de Moscou", „zu den drei Kosaken" — man fand das und ähnliches auch in anderen Orten, allein nirgends wie in Teplitz hatte es diesen eigenthümlichen geschichtlichen Beigeschmack. In den Gaststuben, auf Gängen und Treppen, an öffentlichen Versammlungsorten, überall stieß man auf Abbildungen der Monarchen oder Feldherren oder von Ereignissen aus jener bedeutungsvollen Zeit. Das alles hat sich jetzt bedeutend geändert. Teplitz ist gleich anderen Badeorten kosmopolitisch geworden. In dem Gasthofe, wo ich abgestiegen, stieß ich fast in jeder Etage — „Stockwerk" darf man in einem deutschen Badeort wohl nicht sagen! — auf Bildnisse des Kaisers Napoleon und der Kaiserin Eugenie.

Seit fünfzig Jahren hat sich selbstverständlich Teplitz bedeutend vergrößert und verschönert. Allein der alte Theil ist sich in seiner allgemeinen Anlage wohl gleich geblieben. Wenn man den Schloßplatz in der Richtung gegen Schönau hinabschreitet und dann dem Stadtbade gegenüber rechts abbiegt, kommt man in die „Kirchengasse". Das letzte Haus zur linken, nächst dem Eingange in den fürstlichen Park, führt den Schild „zu den drei Königen". Hier war es, wo man den gefangenen Vandamme am Abend nach der Schlacht in einem rückwärtigen Gelasse unterbrachte.

Teplitz und Dux waren in den Tagen vor und nach der Schlacht bei Dresden die Aufenthaltsorte der drei verbündeten Monarchen. Kaiser Franz hatte im fürstlich Clary'schen Schloße sein Hoflager aufgeschlagen. Dort befand er sich, als Fürst Schwarzenberg die große „böhmische Armee" über das Erzgebirge gegen die sächsische Hauptstadt führte. Kaiser Alexander und König Friedrich Wilhelm gingen mit oder folgten nach. Kaiser Franz hatte in jüngeren Jahren das Schlachtenspiel in unmittelbarer Nähe mitgemacht; seither überließ er das seinen Feldherren. Er blieb in Teplitz zurück.

Die Schlacht bei Kulm.

———

Uebersichts-Kärtchen des Schauplatzes der Ereignisse.

———

Vor-Ereignisse.

1.

Am 22. August 1813 führte Feldmarschall Fürst Schwarzenberg, Generalissimus der verbündeten Heere, den Haupttheil der sogenannten böhmischen Armee, die sich — 125.000 Oesterreicher, 61.000 Russen, 38.000 Preußen — an der Eger gesammelt hatte, in vier großen Heersäulen über das Erzgebirge nach Sachsen und wandte sich am 24. mit seiner ganzen Macht gegen Dresden, das er in einem gewaltigen Bogen von Süden her umspannte. Das 14. französische Armeecorps unter Marschall Gouvion St. Cyr, durch die Vorrückung Schwarzenberg's zurückgedrängt, konnte unmöglich dem Angriffe der Verbündeten auf die sächsische Hauptstadt lange Stand halten. Damit aber dieser Anschlag gelinge, war es unumgänglich nöthig, die Gegend bei Pirna und Königstein durch ausreichende Kräfte zu schützen, und in diesem Sinne hatte denn Fürst Schwarzenberg dem Befehlshaber seines rechten Flügels, dem russischen Heerführer Barclay de Tolly, den Auftrag ertheilt: „ein Armeecorps zur Blockade des Königsteins und Beobachtung der dortigen Elb-Uebergänge zurückzulassen" [1].

Der Königstein, am linken Ufer der Elbe, war im Besitze des Feindes, der jenseits um den Lilienstein ein verschanztes Lager angelegt hatte. Auf zwei Kriegsbrücken, die zwischen diesen befestigten Puncten die beiden Seiten des Stromes verbanden, konnten die Franzosen Truppen von beliebiger Gattung und Stärke herüberschaffen. Geschah dieß aber, so war nicht blos der rechte Flügel der böhmischen Armee im Rücken bedroht, sondern auch die Hauptverbindungsstraße zwischen Dresden und Böhmen, dem Stützpuncte der verbündeten Armee, durchschnitten. Der Befehl des Feldmarschalls war darum vollkommen begründet

---

[1] Joh. B. Schels in der österr. militärischen Zeitschrift. 1837. VII. Heft (Auszug eines Aufsatzes des preuß. Mil. Wochenblattes. 1837. Nr. 18—20.) S. 80.

und es war ein großer Fehlgriff des russischen Generals, daß er, jener Weisung zuwider, eine ganz ungenügende Truppenmacht vor dem Königsteine zurückließ [2]).

Fürst Schwarzenberg hatte seine Anordnungen so getroffen, daß Dresden am 25. August von allen Seiten angegriffen werden sollte, und an diesem Tage wäre die Stadt ohne Zweifel gefallen; Hof und Bürgerschaft war darauf gefaßt und stand auf dem Puncte, die Befehle der Verbündeten anzunehmen, da man Napoleon weit weg in Schlesien wußte [3]). Abermals war es Barclay, der den Plan des Feldmarschalls durchkreuzte; er wollte nicht in den Kampf gehen, so lange er seine Truppen nicht alle beisammen hatte [4]). Der Anschlag wurde auf den nächsten Tag verschoben; doch bis dahin nahmen die Dinge eine andere Gestalt an. In der Nacht vom 25. auf den 26. konnten die Verbündeten hinter Dresden weithin zahllose Nachtfeuer wahrnehmen und vom frühen Morgen an sahen sie starke Colonnen sich an Dresden heran bewegen.

Zeitlich am 26. August begann die böhmische Armee ihre Vorrückung. Die Franzosen zogen sich auf mehreren Puncten zurück, wehrten sich an andern, mit abwechselndem Glück wurde hier und da gekämpft; allein im Ganzen gewannen die Verbündeten immer mehr Boden, rückten der Hauptstadt Sachsens stets näher. Zwischen 4 und 5 Uhr begann der Hauptangriff, mehrere der wichtigsten Vertheidigungspuncte wurden nach hartnäckigen Kämpfen den Franzosen entrissen; Granaten fielen in die Stadt, platzten auf offener Straße, rissen Löcher in die Mauern, die Häuser und ihre Bewohner erzitterten. Schon waren die Verbündeten an mehreren Stellen in die Vorstädte, bis unter die Mauern der Stadt gedrungen. Allein von Moment zu Moment nahm der Widerstand der Franzosen an Stärke zu; sie erhielten trotz der tapfersten Gegenwehr die verlorenen Puncte wieder in ihre Gewalt. Offenbar waren ihnen bereits ansehnliche Verstärkungen zugekommen.

Allein sie hatten noch etwas anderes erhalten, wovon man im Lager der Verbündeten zur Zeit keine Ahnung hatte: die Gegenwart des Kaisers und allgewaltigen Kriegsmeisters, der schon seit 11 Uhr Vormittags selbst die Vertheidigung leitete. Auf einem kleinen falben Rößlein war er in schnellem Ritt über die Dresdner Brücke gekommen; eine dumpfe Stille herrschte im Volk, er warf den Kopf heftig hin und her und hatte ein unruhiges Wesen an sich, das man sonst nicht an ihm bemerkte. Er ritt vor das Schloß, stattete der königlichen Familie, die alles andere als sein Eintreffen in Dresden erwartet hatte, einen kurzen Besuch ab, bestieg gleich darauf wieder das Pferd, ritt an die Elbbrücke hin, wo ihn seine Marschälle und Generale umstanden. Er nahm sehr häufig Tabak und schaute noch häufiger durch sein kleines Taschen-Perspectiv die Elbe hinab. Er ertheilte Befehle, wies den fortwährend nachrückenden Truppen ihre Plätze an, Adjutanten flogen nach allen Seiten. Die Garden kamen im Doppel-

[2]) Die Vorsicht Schwarzenberg's und die Unvorsichtigkeit Barclay's treten noch schärfer hervor, wenn man weiß, daß Napoleon mit dem Gedanken umging, selbst mit seiner Hauptmacht vom Königstein aus den Verbündeten in den Rücken zu fallen; er gab dieß erst dann auf, als er erfuhr, daß St. Cyr Dresden allein nicht halten könne. Zur Geschichte des Feldzuges von 1813 von v. Hofmann, kön. preuß. General-Lieutenant a. D. 2. Auflage. Berlin, Posen und Bromberg, E. S. Mittler, 1843, S. 129, 132. — S. auch: Memoiren des Herzogs Eugen von Würtemberg. Frankfurt a. O. 1862, III. S. 113.

[3]) Napoleon's Feldzug in Sachsen im J. 1813 u. s. w., entworfen von einem Augenzeugen in Napoleon's Hauptquartier, Otto Freiherrn von Odeleben. 2. Auflage. Dresden, 1816, Arnold. S. 267.

[4]) Denkwürdigkeiten aus dem Leben des Feldmarschalls Fürsten Carl zu Schwarzenberg. Von A. Prokesch, Oberlieutenant im kais. österr. Generalstabe. Wien, Mösle, 1822. (Neue Ausgabe, Wien 1861, Braumüller.) S. 183 f. Vgl. mit: Die Kriegsereignisse zwischen Peterswalde, Pirna, Königstein und Priesten im August 1813 und die Schlacht bei Kulm. Geschildert von Heinrich Aster königl. sächs. Obersten v. d. A. Dresden, Adler und Dietze, 1845. S. LVII f. und 171.

schritt über die Brücke und eilten, nachdem sie kurze Zeit auf dem Platze vor dem Kaiser gehalten, zu den Thoren hinaus[5]). Die neuen Truppen und die Kunde von Napoleon's persönlicher Ankunft verliehen den ermatteten Streitern draußen frische Kraft; die Verbündeten fühlten die Wirkung, doch kannten sie die Ursache noch nicht.

Allein Gefährliches bereitete sich auch von anderer Seite vor.

2.

General Barclay hatte vor dem Königstein, zur Deckung seines rechten Flügels von der Elbe her, den Prinzen Eugen von Würtemberg mit 20 Bataillons — Fürst Schachofskoi mit den Regimentern Murom, Tschernigof, Reval und 4. Jäger; General Püschnitzki mit Tobolsk, Minsk, Wolhynien und Krementschuk; General Helfreich mit Tenginsk, Esthland und Großfürstin Katharina — 2 Escadrons Lubno-Husaren, 2 Serpuchof-Uhlanen und ein Kosaken-Regiment, endlich 2 Batterien unter den Obersten Czeremissinof und Baikoff zurückgelassen, im Ganzen 26 Geschütze und etwa 13.000 Mann[6]). Ein tapferer Führer und tapfere Truppen; aber sie konnten nicht das Unmögliche leisten, wenn sie mit einem zweimal, dreimal überlegenen Feinde zu thun bekamen.

Prinz Eugen von Würtemberg, russischer General-Lieutenant, einer der treuesten Anhänger und glühendsten Bewunderer des nordischen Augustus, der sein Vetter war, hatte sich 1806, achtzehn Jahre alt, die ersten Sporen verdient. 1812 ist der 24jährige Divisions-General Held des Tages von Smolensk, verliert im wüthenden Gemenge bei Borodino nacheinander vier Pferde unter dem Leibe, während seine Braven von 3.200 auf 900 Kampffähige zusammen schmelzen, und wird nach dem Treffen bei Tarutino (18. October) zum Befehlshaber des 2. Infanterie-Armeecorps ernannt. Im Jahre 1813 war Prinz Eugen trotz seiner jungen Lebensjahre alter General. Von seinen Heldenstücken aus jenen Tagen gefällt uns keines besser als eine Episode aus der Schlacht bei Lützen (2. Mai). Nach fürchterlichem Kampfe hatten die Preußen die Dörfer Görschen, Rahna, Kaja dem Feinde überlassen müssen; da kommt ein Corps russischer Truppen auf die Wahlstatt, erobert im Sturm die verlorenen Puncte wieder, Russen und Preußen rufen sich jubelnd den Siegesgruß zu. Da jagt ein blutjunger russischer Officier an den Reihen der Preußen vorüber: „Welcher General commandirt hier?" Man deutet auf Yorck ohne ihn zu nennen. „Herr General", ruft jener, nachdem er zum Gruße sein Käppchen geschwenkt, „jetzt haben Sie Ihre Dörfer wieder und stehen mir für ihre Behauptung! Ich ziehe dem Feinde rechts entgegen," und fort ist er in der Richtung, die er bezeichnet hatte. „Wer ist der russische Windbeutel?" fragt Yorck den Chef seines Generalstabes, der eben von einer Sendung zurückgeritten kam. „„Es ist der General-Lieutenant Prinz von Würtemberg!"" Bei Vernehmung des Namens stutzt Yorck und „Ein Teufelskerl, Ihr Prinz!" brummt der alte Haudegen in den Bart.

---

[5]) Aus (C. T. A.) Hoffmann's Leben und Nachlaß. Berlin. Dümmler, 1823. II. S. 88 f.
[6]) Eugen von Würtemberg Memoiren. III. S. 111 f.

Die Schlacht bei Lützen ging für die Verbündeten verloren; aber daß sie auf ihrem Rückzug nicht größere Verluste erlitten, war das Verdienst des russischen „Teufelskerls", der bei Eisdorf bis in die sinkende Nacht hinein einen mörderischen Kampf gegen überlegene feindliche Kräfte bestand [2]). Als sich nach den abgebrochenen Friedensverhandlungen von Prag die große böhmische Armee der Verbündeten sammelte, stand Prinz Eugen von Würtemberg unter den Befehlen des Grafen Wittgenstein und mit diesem unter jenen Barclay de Tolly's, Generals en chef der russisch-preußischen Truppen.

. Fast zur selben Zeit, als sich Morgens den 26. die Verbündeten gegen Dresden in Bewegung setzten, überschritten vier französische Bataillons vom Lilienstein aus die Elbe, brachen rechts und links vom Königstein hervor und drückten, vom Geschützfeuer der Festung unterstützt, in einer Reihe von Scharmützeln die Vorposten des Prinzen von Würtemberg zurück. Einige Gefangene, die hierbei von den Russen gemacht wurden, sagten aus: General Vandamme sei mit 50.000 Mann im Anmarsch über die Elbe begriffen. In Wahrheit betrug Vandamme's Corps wohl keine 40.000 Mann und davon waren augenblicklich die meisten noch weit zurück, was man aber russischerseits natürlich nicht wissen konnte. Ueber jene Kunde zog Prinz Eugen allmälig das Gros seiner Truppen, etwa 8.000 Mann, zwischen den Dörfern Kriezschwitz und Struppen, Front gegen den Königstein, Rücken gegen Pirna, zusammen, und nahm dadurch mit seiner geringen Truppenmacht eine vortheilhafte Stellung hart vor dem Puncte ein, von welchem aus der Feind seine zahlreichen Streitkräfte entwickeln konnte. Gleichzeitig suchte der Prinz Verstärkungen von den Colonnen, die noch fortwährend, in unmittelbarer Nähe seiner Aufstellung, aus Böhmen nachgerückt kamen, an sich zu ziehen. Doch die Commandanten derselben schützten ihre Befehle vor, die sie auf den Dresdner Kampfplatz riefen, und nur der Großfürst Constantin ließ sich endlich herbei, ihm sechs Escabrons des Kürassier-Regimentes der Kaiserin unter Prinz Leopold von Sachsen-Coburg — jetzigen Königes von Belgien, damals im 23. Lebensjahre — zu überlassen.

Der Donner einer gewaltigen Kanonade hallte aus nördlicher Richtung in die Berge und Gründe der jetzt so zierlich-schmucken, damals so kriegerisch-wilden sächsischen Schweiz; Vandamme, der inzwischen immer neue Bataillone vom rechten Elbe-Ufer herübergezogen hatte, schickte sich zum Angriffe an — es war 4 Uhr Nachmittags —; der Prinz von Würtemberg befand sich in einem einzeln stehenden Hause nächst Kriezschwitz noch mit einigen Anordnungen beschäftigt, als, von einem einzigen Adjutanten begleitet, der General-Lieutenant Graf Ostermann-Tolstoi eintrat und dem Prinzen ein Billet überreichte, des Inhalts: „Angesichts dieses wollen Sie nicht mehr an mich, sondern an den Grafen Ostermann, dem das Commando des rechten Flügels übertragen ist, referiren. Wittgenstein." Der Prinz überflog das Papier; er war Herr der Gefechtslage, in die sich der neue Ankömmling erst einfinden mußte; zudem brachte Ostermann nur sich, keine neuen Truppen; der Prinz sagte darum: „Graf Wittgenstein hat mir mein Corps nicht gegeben und kann es mir ohne Befehl des Kaisers nicht nehmen. Sie sind älterer General-Lieutenant als ich, und Graf Wittgenstein schickt Sie her, wo ich selbst kaum den dritten Theil meines Corps beisammen habe; was sollen Sie also hier?" „Mein Prinz"", entgegnete Ostermann, „„es ist der Wille

	[2]) Zur Geschichte der Schlacht bei Kulm u. s. w. Vom Freiherrn von Helldorf, kön. preuß. Oberst und Commandant der Festung Wittenberg. Berlin, Hempel, 1856. S. 6—13.

Sr. Majestät unseres Herrn, der, wie Sie wissen, nicht zu scherzen liebt"«; übrigens möge der Prinz, wenn es ihm nicht gefalle sich der höheren Weisung zu fügen, unbesorgt sein, daß man es darauf angelegt habe, ihm seinen Ruhm zu schmälern; alle Ehren des Tages sollen ihm allein gehören, er, Ostermann, wolle sich bescheiden, die Gefahr zu theilen [8]).

Mittlerweile hatte Vandamme seinen Angriff begonnen und die Feldherren eilten, nachdem dieses Auskunftsmittel von der einen Seite geboten, von der andern stillschweigend angenommen war, auf den Kampfplatz. Die Russen waren an Truppenzahl gegen die Franzosen etwas im Nachstand, dagegen durch ausreichende Artillerie unterstützt, während der Feind noch keine Geschütze an Ort und Stelle hatte. Dennoch setzten die Franzosen den Russen arg zu, denen es ohne das wirksame Feuer von Vaikoff's Batterien, die der Prinz im Mitteltreffen aufgestellt hatte, schlecht ergangen wäre. So aber behaupteten sie trotz wiederholter Angriffe des Feindes auf dem rechten Flügel Kriegschwitz, auf dem linken Struppen, wenn auch auf beiden Puncten nicht ohne große Verluste. Zuletzt versuchte Vandamme einen Angriff unmittelbar auf die Geschütze im Centrum. Der Prinz von Sachsen-Coburg, zu deren Deckung im zweiten Treffen aufgestellt, sprengte mit seinen Küraffieren trotz des heftigsten Feuers der Franzosen vor; die schweren Panzer erdröhnten von dem Anprallen der feindlichen Kugeln und mehr als hundert Pferde stürzten getroffen zu Boden. Dennoch gelang es den Andrang abzuwehren und im Ganzen hatten die Russen, obgleich der Feind nun auch schon einige Geschütze in das Gefecht brachte, den Haupttheil ihrer Stellung gewahrt, als die einbrechende Nacht dem Kampf ein Ende machte. Beide Theile hatten viel gelitten; die Russen vielleicht weniger der Zahl nach, im Verhältniß zu ihrer Stärke aber empfindlicher [9]).

So hatte auch die böhmische Armee der Verbündeten, obgleich mit großen Verlusten, der Kraft und dem Genie Napoleon's gegenüber im allgemeinen ihre Stellung behauptet. Das Kriegsereigniß bei Kriegschwitz, im Vergleiche wenig bedeutend, hatte doch eine unabsehbare Wichtigkeit für die Unternehmung gegen Dresden. Vor Beginn des Gefechtes, Vandamme stand am Ausgange des Waldes auf der Burgstraße, die von Schloß Königstein nach Pirna führt, und entwarf seinen Angriffsplan, als ihm ein Befehl Napoleon's eingehändigt wurde: gegen Pirna vorzudringen und zugleich die Pässe von Berggießhübel und Hellendorf zu besetzen, um der verbündeten Armee den Rückzug auf der kürzesten Linie nach Böhmen abzuschneiden. Gelang ihm das, so war der Ausgang des Kampfes vor Dresden schon am ersten Schlachttage entschieden; daß es ihm nicht gelungen, war die Folge des

[8]) Vgl. die Parteischriften: Fallmerayer. Die Schlacht bei Kulm. Gesammelte Werke II. S. 313 und Helldorf a. a. O. S. 16 f. — Hofmann S. 145 sagt kurz und treffend: „Ein Wechsel im Commando war aber jetzt unthunlich und so überließ Graf Ostermann dem Prinzen heute dasselbe und wollte nur die Gefahr theilen." — Der Prinz von Würtemberg selbst in seinem Schreiben vom 20. Mai 1844 an Aster, S. 259 f., übergeht die Einzelnheiten dieses Vorfalles und bestätigt einfach, daß „Ostermann zwar dem Treffen bei Kriegschwitz persönlich beiwohnte", das „Corpscommando aber keinen Augenblick in Anspruch nahm." Hiemit ganz im Widerspruche lautet die übrigens nicht näher begründete Aussage desselben Prinzen 18 Jahre später in dessen Memoiren III. S. 116: „Er (Ostermann) gab hierauf allerdings das Versprechen, sich in Nichts zu mischen, hielt es aber nicht."

[9]) Der Verlust der Russen wurde auf 1800 Mann, also mehr als ein Fünftheil, veranschlagt; österr. militär. Zeitschrift a. a. O. S. 82. Dem Obersten Aster gegenüber wollten sich die alten Bewohner jener Gegend nicht erinnern viele Russen beerdigt zu haben, und er schließt aus diesem Umstande (S. 79 Anm.), daß entweder der Verlust sehr überschätzt war oder viele Leute nur blessirt wurden; allein es bleibt noch ein Drittes: daß eine große Anzahl in Gefangenschaft gerathen oder versprengt worden sei.

muthvollen Ausdauerns bei Kriezschwitz und das unbestreitbare Verdienst des Prinzen Eugen von Würtemberg.

Ostermann hatte sein Wort, mit dem Prinzen nicht die Ehre des Oberbefehls, aber die Gefahr des Schlagens theilen zu wollen, wacker eingelöst. Beide waren überall neben einander zu erblicken, wo es Noth that einzugreifen; im hartnäckigen Kampfe auf dem rechten Flügel bei Kriezschwitz hatte den Grafen eine Gewehrkugel gestreift [10]. Aber nun drängte die Macht der Verhältnisse und dem Prinzen mochte sich die ganze Schwere der Verantwortlichkeit vor die Seele drängen, in einer so verhängnißvollen Lage den ungerechtfertigten Haber um das Ober-Commando, das doch am Ende nur einer führen konnte, fortzusetzen. Als ihn daher Graf Ostermann anrief: „Eh bien, Altesse, qui est-ce qui commande?" da antwortete schnell der Prinz: „Votre Excellence! Votre Excellence!" und von diesem Augenblicke war Ostermann unbestritten der oberste Leiter jener Reihe heroischer Waffenthaten, die den entscheidenden Sieg der Verbündeten am 30. August nicht blos vorbereiteten, sondern allein ermöglichten.

Es war vorauszusehen, daß Vandamme am nächsten Tage alles aufbieten werde, sich den Weg nach Pirna zu erzwingen. Das konnte Ostermann mit seinen von Anfang her minderen, durch die Verluste des Gefechtes bei Kriezschwitz noch dazu geschwächten Truppen nicht hindern. Es wurde darum beschlossen, noch in der Nacht eine Stellung bei Zehista, westlich von Pirna, zu beziehen, wodurch man dem rechten Flügel der bei Dresden kämpfenden Haupt-Armee näher kam, ohne doch die Straße über Peterswalde preis zu geben. Zugleich sandte man den Oberstlieutenant von Hofmann, Chef des Generalstabes des Prinzen von Würtemberg, in das Hauptquartier, um daselbst Bericht zu erstatten und Weisungen zu erbitten. Im Hauptquartier des Feldmarschalls war man ebenso erstaunt als beunruhigt, die bedrängte Lage der schwachen Heeresmacht zwischen Pirna und dem Königstein zu vernehmen, und sandte den Officier mit dem Auftrage an Barclay zurück, dem Ostermann'schen Corps ausreichende Verstärkungen zuzuführen. Als sich Hofmann aus dem Zimmer des Fürsten zurückzog, erlaubte er sich den Grafen Radetzky, der ihn hinaus geleitete, zu fragen: was zu thun sei, wenn nur die Wahl offen bleibe, entweder Vandamme von dem Marsche gegen Dresden aufzuhalten, oder die Straße über Peterswalde zu behaupten? „Die Verbindung mit Böhmen sei ihnen heilig!" sprach Radetzky mit Nachdruck [11]. Von Barclay, zu welchem sich Hofmann sofort begab, war nur das Zugeständniß zu erwirken, daß die zunächst stehende Division zu den Truppen Ostermann's stoßen solle. Glücklicherweise war dieß das ausgewählteste Corps der ganzen russischen Armee: die Garde-Division des General-Lieutenants von Jermoloff — Brigade Potemkin, bestehend aus den Garde-Regimentern Preobraschenski und Semenofski und Brigade Krapowitzki mit dem Regimente Ismailofski und dem Garde-Jäger-Regiment, alle unter den Befehlen des Generals Baron von Rosen; fünf und eine halbe Schwadron des Garde-Husaren-Regiments unter Oberst Davidoff und vier Schwadronen tatarische Uhlanen unter General Knorring. — Allein bevor noch Hofmann

---

[10] Prinz Eugen in seinem Schreiben an After (s. oben Anm. 8) sagt ausdrücklich, Ostermann sei neben ihm gewesen, als er die Contusion erhielt.

[11] Hofmann S. 147 Anm. — Der Verfasser der von uns Anm. 2 angeführten werthvollen Schrift ist mit dem damaligen Generalstabs-Officier des Prinzen von Würtemberg eine und dieselbe Person.

mit seiner Botschaft zurück war, hatte schon Ostermann auf eigene Fauſt den General Jermoloff an ſich gezogen, und durch dieſen Zuwachs über eine Truppenmacht von nahezu
20.000 Mann mit 62 Geſchützen zu verfügen [12]).

Wie der ruſſiſche Feldherr, ſo ließ auch der franzöſiſche die Nacht vom 26. auf den 27.
nicht unbenützt verſtreichen. Unabläſſig kamen neue Truppen von allen Waffengattungen,
zahlreiches Geſchütz dabei, über die Kriegsbrücken marſchirt. Zeitlich früh ritt Vandamme
ſelbſt an die Brücke hinunter, die im Städtchen Königſtein über den Bielbach führt, und trieb
zur Eile an. „Vite, vite, vite!“ rief er ungeduldig und fuchtelte mit ſeiner Reitgerte, wenn
etwa eine kleine Stockung entſtand, in den Knäuel der ſich drängenden Soldaten hinein. Es
galt ihm ſobald als möglich die Pirnaer Ebenheit zu erreichen. Das ging aber nicht ſo
leicht, als der ungeſtüme General wünſchte. In der Nacht hatte der Himmel ſeine Schleußen
geöffnet und ein dichter Regen, von einem ſchneidend rauhen Winde gepeitſcht, ſtrömte ohne
Unterlaß herab. Die an ſich ſchlechten Wege wurden grundlos; die Bäche ſchwollen an und
erſchwerten den Uebergang. Als jedoch der Tag ſich hellte, fand man die Hochebene, deren
Schlüſſel die Ruſſen geſtern ſo ſtandhaft vertheidigt hatten, geräumt. Die Franzoſen rückten
ungehindert vor, unter fortwährendem Geſchützfeuer auf die am Thalrande jenſeits des
Gottleube-Baches aufgeſtellten Ruſſen, und beſetzten, nachdem ſie das Regiment Reval
aus Pirna hinausgeworfen hatten (gegen 11 Uhr Vormittags), die Stadt. Immer mehr
Kanonen führten ſie auf der Hochebene auf und nahmen, während ſie aus ihren Feuerſchlünden
die gegenüberſtehenden Ruſſen im Schach zu halten ſuchten, den zwiſchen Pirna und Zehiſta
gelegenen Kohlberg ein, wo es den ganzen Tag über leichtes Geplänkel gab. Zu gleicher Zeit
ſchlugen ſie oberhalb des Dorfes Kopitz vom rechten Elbe-Ufer eine Brücke nach Pirna, auf
welcher neue Truppen den Strom überſetzten. Aus der Dresdener Richtung hallte unausgeſetzter Kanonendonner herüber; daß ſich dieſer allmälig zu nähern ſchien, war für die
Truppen Ostermann's kein gutes Zeichen; die Dinge mußten dort nicht ſo ſtehen, wie die
Verbündeten wünſchten.

Gegen fünf Uhr Nachmittags kam Vandamme, ganz durchnäßt, bei Pirna an und
bezog den Sonnenſtein. Als ihm auf die Frage, was das für ein Gebäude ſei, die Auskunft
wurde: „Ein Irrenhaus — une maison des fous!“ ſchlug er eine helle Lache auf:
„Entendez-vous, Messieurs“, rief er zu ſeiner Begleitung; „une maison des fous! des
fous! des fous!“ wiederholte er ſelbſtgefällig den plumpen Witz [13]).

Indem Vandamme, um im Rücken der verbündeten Armee gegen Dresden vorzugehen,
die Hauptmacht ſeines Corps in und um Pirna ſammelte, hatte er den zweiten Theil des ihm
von Napoleon zugekommenen Befehles nicht aus den Augen verloren. Einer Abtheilung der
vom rechten Elbe-Ufer nachrückenden Truppen war der Marſch über Langen-Hennersdorf
auf Berggießhübel vorgezeichnet; eine andere ſollte über Pfaffendorf nach Hellendorf
gehen. Berggießhübel und Hellendorf liegen an der großen Prag-Dresdener Straße [14]) und
gelang die Ausführung jenes Befehles, ſo war dem General Oſtermann der Weg nach
Böhmen verlegt. Allein der Glückſtern der Verbündeten wendete für dießmal noch die große

---

[12]) So berechnet der umſichtige After S. 83, wogegen die öſterr. milit. Zeitſchrift S. 84 nur 18,000 Mann
herausbringt.

[13]) After S. 83 nach den Aufzeichnungen des Arztes, der in Abweſenheit des Directors die Anſtalt leitete.

[14]) Die Terrainkarte Bl. 1 des After'ſchen Werkes gewährt einen trefflichen Einblick in die Gegend wo die
Kriegsereigniſſe vom 26. bis 28. Auguſt vorfielen.

Gefahr ab. Die eine Abtheilung der Franzosen verfehlte ihren Weg und kam nach langem Umherirren beim Königstein an, von wo nun der Marsch spät Abends von neuem angetreten werden mußte. Die andere wurde durch die stark angeschwollenen Fluthen der Gottleube aufgehalten und mußte die Nacht in Langen-Hennersdorf zubringen.

3.

Wie in der Gegend um Königstein, so hatte auch weiter hinauf bei Dresden das abscheulichste Unwetter in der Nacht begonnen und gestattete kein Absehen eines Endes. Der Himmel war mit den dichtesten Regenwolken verhangen und zur Nässe kam durch den dazwischen pfeifenden Wind eine empfindliche Kälte. Dieser Umstand, der die Unternehmungen der Verbündeten wesentlich beeinträchtigte, vielfach geradezu scheitern machte; ferner die nun feststehende Ueberzeugung, daß man es mit Napoleon selbst zu thun habe, da doch im Kriegsplan ausgemacht war, daß keine der verbündeten Armeen mit ihm vereinzelt in den Kampf gehen sollte; endlich die sehr beunruhigende Nachricht von dem Vordringen eines starken französischen Corps über Pirna [15]) — alles dieß hatte den Feldmarschall schon zeitlich Nachmittags bestimmt, den allgemeinen Rückzug der böhmischen Armee anzuordnen. Die Detaildisposition hatte Radetzky, Chef des Generalstabes der Verbündeten, zu treffen. Radetzky bestimmte, damit nicht ein Heereszug den andern in seinem Marsche verstricke, die Richtungen derart, daß die ganze Armee kehrt mache, somit der bisherige rechte Flügel zum linken Flügel wurde und umgekehrt, und der letztere über Sayda nach Dur, das Centrum mit dem Hauptquartier über Dippoldiswalde und Altenberg nach Teplitz, der nunmehrige linke Flügel — Barclay mit den Russen und Preußen — über Peterswalde nach Nollendorf marschire. Allein diese Anordnung mißfiel dem General Toll, der dem Hauptquartier von Seite Rußlands als bevollmächtigter Militär-Commissär beigegeben war. Es mochte ihm nicht genehm sein, daß auf solche Weise seinen Russen das schwerste Stück Arbeit, auf der vom Feinde wahrscheinlich schon besetzten Teplitzer Hauptstraße, zufallen sollte, und er bestand mit einer gewissen Hartnäckigkeit darauf, Barclay gleichfalls über Dippoldiswalde ziehen zu lassen. Erst nach einer langen und lebhaften Besprechung, in welcher Radetzky gerade die Nothwendigkeit, die Peterswalder Straße nicht preiszugeben, nachdrücklich vertheidigte, gab Toll scheinbar nach und fertigte den nöthigen Befehl an Barclay aus, schrieb aber auf die andere Seite des Blattes ein paar Zeilen in russischer Sprache, des Inhalts ungefähr: „Ich an Ihrer Stelle würde den Weg über Dippoldiswalde einschlagen" [16]).

---

[15]) Die „Relation der Kriegsereignisse vom 22. bis 30. August 1813 bei Dresden und Kulm. Wien. Aus der k. k. Hof- und Staatsdruckerei", die authentische, zugleich erste gedruckte und eingehendere Darstellung dieser Begebenheiten, läßt S. 17 f. diese dreierlei Beweggründe für den Entschluß des Fürsten Schwarzenberg deutlich erkennen.

[16]) Erinnerungen aus dem Kriegerleben eines 82jährigen Veteranen der öster. Armee u. s. w. von Maximilian Ritter von Thielen, k. k. Major u. s. w. Wien 1863, Braumüller. S. 112 ff. 113 f. — S. dagegen: Denkwürdigkeiten aus dem Leben des kais. russ. Gen. d. Inf. C. F. Grafen von Toll. Von Theodor von Bernhardi. Leipzig, Wigand, 1857, wo III. S. 179 ff. viele Worte gemacht werden, um die eben erzählte, mit den bestimmtesten Einzelheiten uns aufbehaltene Begebenheit als völlig unwahrscheinlich darzustellen.

Wir werden bald sehen, daß Barclay in der That von diesem heimtückischen Winke Toll's, zum großen Nachtheil des Rückzuges der böhmischen Armee, Gebrauch machte; er that aber ein übriges, indem er auch dem General Ostermann eine Weisung gab, die den bestimmtesten Anordnungen Radetzky's gerade zuwider lief.

Morgens den 28. kam nämlich Ostermann vom General en chef der russisch-preußischen Truppen der Befehl zum Rückzuge nach Böhmen mit dem Beisatze zu: den Weg nicht auf der Teplitzer Hauptstraße, sondern über Maxen und Dippoldiswalde zu nehmen und von da der Haupt-Armee zu folgen [17]).

Ostermann berief seine Generale in den Kriegsrath. Der Befehl Barclay's verstieß nicht blos augenfällig gegen die Kriegs-Raison, Vandamme nicht den entscheidenden Vorsprung auf der nächsten Verbindungslinie mit Teplitz gewinnen zu lassen; es stand auch die nachdrückliche Mahnung Radetzky's entgegen, die Verbindung nach Böhmen um jeden Preis zu erhalten. Ostermann, der seinem Charakter nach gern das gefährlichste unternahm [18]), würde sich unter gewöhnlichen Umständen keinen Augenblick besonnen haben, die Lösung der schwierigeren Aufgabe, die ihm der Auftrag Radetzky's zuwies, auf sich zu nehmen. Allein er hatte die auserlesenen kaiserlichen Leibtruppen unter seinem Befehl, die Triarier des russischen Heeres, die hingeopfert waren, wenn das eigenmächtige Unternehmen mißlang, an das sich, wie die Sachen standen, Barclay mit seiner ganzen Heeresabtheilung nicht wagte [19]). Glücklicherweise zeigten sich der Prinz von Würtemberg und Jermoloff vollkommen entschlossen, die Verantwortlichkeit Ostermann's zu theilen. Namentlich war es der erstere, der sich mit Entschiedenheit aussprach, daß die Aufgabe eben darum, weil sie so schwierig und gefährlich, der Garde würdig sei; zudem mühe sich die ganze Armee auf den ohnedieß schlechten Gebirgswegen ab, während es wahrscheinlich sei, die bequeme Peterswalder Straße dem Feinde noch abzugewinnen.

Die Ausführung dieses kühnen Entschlusses, selbst abgesehen von der ungeheuren Verantwortung, die man dabei auf sich lud — man darf keinen Augenblick vergessen, daß Ostermann und seine Generale zwar die allgemeine Weisung Radetzky's, des Generalstabschefs der verbündeten Armeen, für sich, dagegen den ganz speciellen Befehl ihres unmittelbaren Vorgesetzten gegen sich hatten — war eine im höchsten Grade bedenkliche. Russischerseits mußte man annehmen, daß Vandamme nun schon, wo nicht sein ganzes, doch gewiß den größten Theil seines Corps herüben habe, und man besaß keinen Anhaltspunct, die Aussage der Gefangenen, die seine Stärke auf 50.000 Mann angegeben hatten, für übertrieben zu halten; dagegen verfügte Ostermann auf's höchste gerechnet über 20.000 Mann. Ferner: Ostermann war durch die Stellung bei Zehista allerdings im Besitze der bequemen Heer-

---

[17]) Aster S. 94 f. und 263, der ausdrücklich die Angabe der meisten Schriftsteller, von Plotho S. 64 anzufangen, widerlegt, als ob der Befehl Barclay's nur bedingungsweise, „falls die Richtung auf Peterswalde nicht mehr frei wäre", gelautet habe. S. auch: Memoiren des kön. preuß. Gen. d. Inf. Ludwig Freih. v. Wolzogen. Aus dessen Nachlaß u. s. w. Leipzig, Wigand, 1851, S. 197. — Uebrigens wäre auch jenes schon eine Vereitlung der Absichten Schwarzenberg's und Radetzky's gewesen, denen ja alles daran gelegen war, die Richtung auf Peterswalde frei zu erhalten oder frei zu machen.

[18]) Hofmann, S. 165.

[19]) Dr. Friedrich Richter (Geschichte des deutschen Freiheitskrieges. Dritte Auflage. Berlin 1841, Richter. II. S. 74 f.) hebt mit Recht diesen Beweggrund hervor, der die Haltung Ostermann's weder als zaghaft, noch als halb verrückt, wie seine Anfeinder gerne möchten, erscheinen läßt. — S. auch: Der Krieg in Deutschland und Frankreich in den Jahren 1813 und 1814. Von Carl v. Plotho, kön. preuß. Oberstl. Berlin, Amelang, 1817. II. S. 64.

ſtraße nach Böhmen; dagegen hatte Vandamme in den Gründen und Thälern zwiſchen der
Straße und der Elbe die zwar beſchwerlichere, aber gedecktere und für gewiſſe Puncte, an
denen er den marſchirenden ruſſiſchen Colonnen Hinterhalt legen konnte, kürzere Linie.
Endlich ſprach zwar alles dafür, daß Vandamme am Morgen des 28. von dem Unglück,
das die böhmiſche Armee vor Dresden getroffen, noch keine Kenntniß hatte, daher immer
noch in dem Glauben war, es gelte ihm nur um die Gewinnung, ſeinen Gegnern nur um
die Abwehr ſeines Zuzuges auf das Schlachtfeld; allein ſobald er den Rückzug Oſtermann's
nach Böhmen wahrnahm, mußte ihm der wahre Stand der Dinge klar werden und er ſich
beeilen, ſeinem Gegner die Verbindung mit Böhmen abzuſchneiden. Es lag daher alles
daran, Vandamme ſo lange zu täuſchen und im Schach zu halten, bis der größte Theil der
Truppen einen beruhigenden Vorſprung auf der Peterswalder Heerſtraße gewonnen hätte.

Das gelang denn auch in wünſchenswerther Weiſe. Der 28. Auguſt begann in der
Gegend von Pirna, unter einer heftigen Kanonade von beiden Seiten, mit einem Angriff
der Ruſſen auf den Kohlberg und auf das von den Franzoſen in der Nacht beſetzte Dorf
Groß-Cotta. Dort commandirte Jermoloff ein Jäger- und ein Infanterie-Regiment und
Knorring ſeine tatariſchen Uhlanen, hier der Prinz von Würtemberg und Helfreich die übrigen
Truppen des zweiten Armeecorps, und an beiden Seiten ſchienen es die tapfern Ruſſen ſo
ernſt zu nehmen, daß Vandamme nichts anderes glauben konnte, als es ſei ihnen um die
Erzwingung der Stellung bei Pirna und um ſeine Abſchneidung vom Königsberge zu
thun. Dreimal wurde im Laufe mehrerer Stunden der Kohlberg von den Ruſſen genommen,
dreimal gewann ihn Vandamme zurück; aus Groß-Cotta wurden die Franzoſen vertrieben
und über den Thalrand der Gottleube geworfen, den nun die Ruſſen ſelbſt überſtiegen und
Miene machten Kriezſchwitz anzugreifen [20]). Allein während dieſer hitzigen Gefechte und
durch ſie gedeckt, waren bereits ſeit Stunden die ruſſiſchen Garden im vollen Rückzug
nach Böhmen begriffen, nachdem das geſammte Fuhrwerk ſchon Nachmittags den 27.
abgeſchickt worden, um 9 Uhr Abends durch Berggießhübel gekommen und von da in der
Nacht unangefochten weiter über Peterswalde und Nollendorf gezogen war. Zu ſpät errieth
Vandamme, der inzwiſchen Kunde von dem allgemeinen Rückzug der Verbündeten erhalten
hatte, die wahre Abſicht Oſtermann's, und ſuchte nun, als die Ruſſen ihrerſeits die Gefechte
am Kohlberg und gegen Kriezſchwitz plötzlich abbrachen, das Verſäumte nachzuholen.

Mittlerweile waren die Garden, durch die hartnäckigen Kämpfe hinter ihnen etwas
ſorglos gemacht, nicht raſch genug vorgerückt, ein Theil wollte ſogar gemüthlich abkochen
laſſen, als ihnen vom Prinzen von Würtemberg die Mahnung zur Eile zukam, da der
Feind offenbar bereits ſeine Gegenanſtalten treffe. Der Haupttheil der Garden kam noch
glücklich über Berggießhübel hinaus; nicht ſo das Regiment Preobraſchensk, das letzte im
Zuge. Oberhalb des genannten Städtchens zieht ſich die Straße an der öſtlichen Lehne des
Dürrenberges hin und führt hier durch einen Wald, aus dem ſie erſt hinter dem Berge
wieder in das Offene tritt. Als nun das Regiment das Gebiet des Gehölzes betrat, wurde
es aus dem bewaldeten Saum zu beiden Seiten der Straße mit Schüſſen empfangen, deren
Geknatter aus der Waldesöde mit lautem Widerhall weithin durch Thäler und Schluchten

[20]) Einen räthſelhaften Zwiſchenfall, der ſich hier ereignete, à la eiſerne Maske, vortrefflichen Stoff für einen
Schauer-Roman, ſiehe bei Aſter S. 104 ff.

tönte. Da führten Ostermann und Rosen persönlich ihre Garden, nachdem diese den Feuer-
gruß erwiedert, gegen den sich geschützt meinenden Feind, den sie mit dem Bajonnet angriffen,
zurückwarfen und durch das Gehölz verfolgten. Das Regiment hatte sich Luft gemacht und
setzte seinen Marsch fort; nur daß Jermoloff in der Richtung gegen Langen-Hennersdorf ein
Bataillon Gardejäger zur Deckung der nachfolgenden Truppen des Prinzen von Würtemberg
zurückließ. Ein Theil dieser letzteren, die Abtheilung Helfreich's, kam auch glücklich durch
Berggießhübel. Als aber Schachofskoi nachrückte, wurde er am Ausgange des Städtchens
von einer feindlichen Colonne, die auf Seitenwegen an die Straße gekommen war, angegriffen; seine Reihen wurden durchbrochen, ein hitziges Handgemenge Mann gegen
Mann entbrannte. Prinz Würtemberg ließ nun schnell ein bereits voranmarschirtes
Regiment umkehren; allein immer neue französische Abtheilungen brachen hervor; anstatt
den Truppen Schachofskoi's Hilfe zu bringen, sah er seine eigenen gefährlich verstrickt. Jetzt
brachte auch Jermoloff seine Gardejäger herbei und führte sie im Sturmschritt gegen den
Feind; Prinz Würtemberg und Schachofskoi ersahen die Gelegenheit sich Luft zu machen
und alles eilte nun, auf der Straße nach Hellendorf weiter zu kommen.

Allein die Verluste der Russen waren groß. Eine Anzahl gerieth in die Gefangenschaft des Feindes, der übrigens seinen Anschlag theuer genug erkaufte. Viele blieben
todt oder schwer verwundet zurück, nicht wenige wurden versprengt, die sich zum Theil
erst nach zwei Tagen, im Thale von Kulm, wieder bei ihren Truppenkörpern einfanden.
Ein großer Theil der noch hinter Berggießhübel befindlichen Colonnen bog während des
Gefechtes von dem Städtchen rechts ab und verfolgte durch den Thalgrund der Gottleube
die Richtung nach Böhmen.

Noch waren General Püschnitzki, Oberst Wolff und General Knorring, welche die
Nachhut der Russen bildeten, zurück. Die ersteren beiden führten ihre Truppen nach einer
vom Prinzen für diesen Fall erhaltenen Weisung rechts über Göppersdorf ab, von wo sie
nach Schönwalde marschiren und auf Nebenwegen die Teplitzer Straße wieder gewinnen
sollten; sie geriethen aber hinter Schönwalde statt auf Neben- auf Abwege und verloren
dadurch viel Zeit; wir werden erst später von ihnen hören. Knorring zog es vor, auf der
Hauptstraße zu bleiben, fiel in Gießhübel den Franzosen in die Arme, hieb sich aber tapfer
und glücklich durch und bog dann erst seitwärts durch das Gottleubethal ab, durch das er
ohne weiteren Unfall Peterswalde erreichte.

Dort waren die anderen Abtheilungen, hinter Berggießhübel und dem Dürrenberge
nicht weiter behelligt, bereits vor Tagesschluß eingetroffen. Eine ernste Gefahr hatte ihnen
noch bei Hellendorf gedroht; und kamen die bereits hart mitgenommenen Truppen des
Prinzen von Würtemberg hier noch einmal in's Gedränge, so war das Aergste zu befürchten.
Aber durch einen einzelnen Menschen, keinen Soldaten, weder zu den Franzosen noch zu
den Russen gehörig, war das Unheil abgewendet worden; und die Geschichte mag hier
erzählt werden, als ein auffallendes Beispiel, wie geringe Umstände mitunter einwirken, um
die wichtigsten Kriegsunternehmungen scheitern oder glücken zu machen. In Langen-Hennersdorf befand sich ein herrschaftlicher Jäger, Leßky mit Namen, geborner Böhme; ein verschla-
gener, in mehreren Sprachen gewandter Mensch, der sich bald von den Franzosen, bald von
den Russen als Spion gebrauchen ließ. Vandamme hatte, wie wir wissen, Abthei-

lungen seines Corps wie gegen Berggießhübel so auch gegen Hellendorf ²¹) gesandt. Eine der letzteren befand sich bereits im Anmarsch auf Markersbach, als plötzlich Lesky die Nachricht brachte, daß Russen von Rosenthal her, also im Rücken der Franzosen, anrückten. Nun wurden Trompeter den vorangegangenen Truppen in das Thal nachgeschickt, die Signale zum Rückzug ertönten und die ganze Colonne ging eiligst auf Hennersdorf zurück. Die Nachricht Lesky's war, wie sich später zeigte, völlig aus der Luft gegriffen und Gedenkmänner von Hennersdorf waren noch in späten Jahren übel auf ihn zu sprechen, indem sie behaupteten, er habe aus Bosheit, weil er mit Einigen im Orte in Hader lebte, ihnen den Streich gespielt, um sie die Annehmlichkeiten französischer Einquartierung ein paar Stunden länger genießen zu lassen. Allein wer kennt nicht derlei Gerätsch von Vetter Seifensieder und Nachbar Strumpfwirker! Wollen wir nicht lieber annehmen, Lesky habe nicht aus Privatgehässigkeit, sondern aus einer Art rohen patriotischen Instinctes so gehandelt? ²²).

Die ersten französischen Truppen erreichten Hellendorf von Berggießhübel aus, nachdem schon alle russischen Abtheilungen darüber hinausgerückt waren; Vandamme selbst traf Abends ein; der größere Theil seiner Truppen war, durch die Scharmützel am Kohlberge und an der Gottleube zu lange aufgehalten, noch weiter zurück.

Die Russen lagerten in und um Peterswalde, ein langgestrecktes Dorf, durch dessen oberen und mittleren Theil die Heerstraße nach Prag läuft, während sich der untere halbmondförmig zu beiden Seiten des Bächleins, von dem es durchflossen wird, fortzieht, die Straße dagegen ostwärts durch die offene Gegend ausbiegt. Südlich von Peterswalde nun, gegen Jungferndorf hin, lagerten die Garden; die Truppen Helfreich's und die Küraffiere des Prinzen von Sachsen-Coburg hielten theils in Peterswalde, theils auf der offenen Straße vor dem Orte Beiwacht; am nördlichen Ausgange blieb Schachofskoi und weiter gegen die sächsische Gränze zu Knorring als äußerste Nachhut zurück.

Ostermann und Yermoloff befanden sich bei den Garden, der Prinz von Würtemberg bei der Abtheilung Helfreich's. Noch vor Eintritt der Dunkelheit bemerkte der Prinz starke feindliche Massen, meist Reiterei, östlich von Peterswalde vorüberziehen, die es offenbar auf eine Umgehung der russischen Stellung abgesehen hatten.

4.

„Wenn der Feind wüßte, was der Feind wollte, so schlüge der Feind den Feind!" Eine Bewahrheitung dieses alten Satzes sahen wir an den Ereignissen des 28. August zwischen dem Ostermann'schen Corps und jenem Vandamme's. Allein auch Napoleon auf

---

²¹) Mit Hellendorf, Markersbach und Rosenthal betreten wir das Gebiet unseres Uebersichts-Kärtchens.

²²) So deutet auch Aster an, der S. 107 f. diese Episode erzählt. Wir werden später eine Begebenheit erfahren, wo ein paar einfache böhmische Bauersleute in gleich listiger Weise eine nicht unansehnliche Abtheilung Franzosen in arges Gedränge brachten, ja sie alles Gepäcke u. s. w. zurückzulassen zwangen.

dem großartigen Dresdener Schauplatze machte die Erfahrung. Er hatte am 27. Abends
die Schlacht noch nicht für beendigt gehalten und war am 28. Morgens von Dresden mit
den Worten abgeritten: „Ich will sehen, was auf dem linken Flügel zu thun ist." Als er
aber vor die Stadt kam, fand er die langgedehnten Linien und dunklen Massen seiner Gegner
vom gestrigen Tage verschwunden; nur Reiterei des Nachtrabs war auf den Höhen zwischen
Recknitz und Plauen zu erblicken. Der Kaiser besah das Schlachtfeld. Züge von Gefangenen
kamen an ihm vorbei, die über Mangel in den letzten Tagen klagten; Napoleon spöttelte
darüber gegen seine Begleitung: erst habe man von so großen Anstalten gegen ihn, von
Anlegung von Magazinen u. dgl. gesprochen und nun doch die Truppen Noth leiden lassen.
Er nahm ein Frühstück bei einem Wachtfeuer und traf dann seine Anordnungen, doch nicht
mit gewohnter Schärfe und Sicherheit. Er schien unschlüssig über den Plan, der zu ergreifen
wäre. Er befahl die Verfolgung der Verbündeten und beorderte Mortier auf Pirna, St. Cyr
auf Maxen, Marmont gegen Dippoldiswalde, den König von Neapel über Freiberg hinaus.
Allein er gab nur allgemeine Befehle, die wenig sagten. Zudem waren seine Marschälle zu
Ehren, Ansehen und Reichthum gelangt, deren Früchte sie nun gerne genießen mochten; sie
zeigten vielfach keine rechte Lust mehr am Schlagen, waren uneins unter einander und auf den
gegenseitigen Antheil am Kriegsruhm eifersüchtig. So kam es, daß die Verfolgung der geschlagenen Verbündeten nicht so ausgiebig war, als für diese zu fürchten stand, und ihre Nachhut
schlug sich tapfer auf allen Puncten, wo der Feind sie einholte oder ihr den Weg verlegte.

Dem Kaiser selbst schien es hauptsächlich auf eine Unternehmung von Pirna aus anzu-
kommen; dorthin richtete er nun seinen Ritt und ließ noch auf dem Wege dahin (4 Uhr
Nachmittags) Vandamme den Befehl zukommen: auf Peterswalde loszugehen, in
Böhmen einzufallen und vor der im Rückzuge befindlichen verbündeten
Armee den Thalkessel von Teplitz zu erreichen. Er kam nach Pirna, wurde
aber dort von einem plötzlichen Unwohlsein, hinter dem er Vergiftung geargwohnt haben
soll, befallen; zu den schlimmen Botschaften aus Berlin liefen jetzt die ersten Nachrichten
von Macdonald's gänzlicher Niederlage an der Katzbach ein; Napoleon eilte nach Dresden
zurück und verlor die Unternehmung gegen Böhmen, an der im Augenblicke alles
gelegen war, aus den Augen [23]).

Die böhmische Armee hatte, wie wir wissen, noch am späten Nachmittag des 27. ihren
Rückzug angetreten, auf dem es mit Ungemach aller Art zu kämpfen gab. Der endlose
Regen hatte die an und für sich beschwerlichen Wege auf das ärgste verdorben; der schnei-
dende Wind, mitten in der heißen Jahreszeit, wurde in der rauhen Gebirgsgegend doppelt
empfindlich; dazu die durch die Strapazen der vorangegangenen Tage verrissene Adjustirung —
schon vor Antritt des Rückzuges fehlte den Oesterreichern zum Theil die nöthige Fuß-
bekleidung, die jedoch bei allem Mangel viel Disciplin zeigten [24]) — die allgemeine Ermüdung, endlich die mangelhafte Verpflegung. Die Triebe des Schlachtviehes waren häufig
nicht da, wo man sie brauchte, und die Mannschaft, die bei der harten Arbeit kräftigender

[23]) Odeleben. S. 281 f. Hier ist auch nicht eine Andeutung von einer Erkrankung Napoleon's in Pirna zu finden;
doch siehe dagegen Hofmann S. 162 und Aster S. 122 ff. — Thiers XVI. p. 325 Anm. bestätigt gleichfalls das Unwohlsein Napoleon's, schreibt aber nicht diesem, sondern den beiden gedachten Hiobsposten dessen plötzliche Umkehr nach
Dresden zu.

[24]) Hofmann. S. 157 Anm. — Thielen. S. 128 bringt auch die starke Abnützung des Hufbeschlages in Anschlag.

Nahrung so sehr bedurft hätte, litt Hunger und Noth. Viele Soldaten blieben ermattet am Wege liegen [25]).

Dennoch konnte man darauf rechnen, die letzten Schwierigkeiten ohne zu große Opfer zu überwinden, und auch jene Unfälle und Hindernisse bestanden wohl nicht auf allen Puncten in gleichem Maße. Der Rückzug war verständig angeordnet; drei große Heersäulen bewegten sich in angemessenem Abstande von einander und drei verschiedene Puncte waren ihnen vorgezeichnet, wo sie das Gebirge nach Böhmen zu überschreiten hatten. Da plötzlich, als sich am 28. Morgens Fürst Schwarzenberg anschickte von Dippoldiswalde aufzubrechen, kam ihm die Nachricht zu, daß zur linken dunkle Massen im Anzuge seien. „Was ist das?" sagte er zu seiner Umgebung; „Franzosen können das nicht sein!" In diesem Augenblicke trat Barclay ein und stellte sich dem Oberbefehlshaber vor, der daraus entnahm, daß die anrückenden Colonnen Russen seien. „Wie kommen Sie hieher, Excellenz?" fuhr der Feldmarschall, ganz gegen sein sonstiges ruhiges Wesen, höchst erzürnt den General an. „War Ihnen nicht der Weg über Peterswalde und Nollendorf vorgeschrieben?" Barclay entschuldigte sich, daß es Kaiser Alexander ihm anheimgestellt habe, in gewissen Fällen die Marschrichtung nach eigenem Ermessen zu wählen und daß er, da der Weg über Dippoldiswalde und Altenberg der sichere, diesen vorgezogen habe. „Gut", sagte der Fürst; „durch Ihren Marsch hierher steht den Franzosen der Weg nach Böhmen offen; geschieht ein Unglück, so werden Sie es zu verantworten haben!" Der Fürst stieg zu Pferde und folgte seinen vorangegangenen Truppen. Als dann Radetzky den General Toll in Altenberg zu Rede stellte, soll dieser sich sehr entrüstet gestellt und geantwortet haben: „Barclay hat verdient, daß ihm der Kopf vor die Füße gelegt werde!" [26]).

In der That gerieth die böhmische Armee durch dieses unvorhergesehene Zusammentreffen zweier so ausgedehnter Heersäulen auf derselben Straße, mit dem zahlreichen Fuhrwerk, mit dem massenhaften Gepäck, in eine äußerst bedenkliche Lage. Einzelne Abtheilungen mußten stundenlang den Marsch unterbrechen, um andere Haufen oder endlose Reihen von Wagen vorbeiziehen zu lassen, die wieder stellenweise durch neue ihnen in die Quere kommende Züge aufgehalten wurden. Um wenigstens den Marsch eines Theiles seiner Truppen, namentlich der Infanterie, zu beschleunigen, schlug General Bianchi auf eigene Verantwortung einen Seitenweg ein, auf dem er von den übrigen Abtheilungen nicht behindert wurde. Dafür gab es da Schwierigkeiten anderer Art. An vielen Stellen mußten die Reiter absitzen und ihre Pferde am Zügel führen. Man kam an einen schlechten Steg, den die ganze Truppe ein Mann hinter dem andern überschreiten mußte [27]).

Ganz unbeschreiblich elend aber erging es dem russischen, zum Theil auch dem preußischen Trosse, der auf der Peterswalder Straße prächtig hätte fortgeschafft werden können. Viele Zugpferde der Kanonen waren auf dem elenden Marsche liegen geblieben, theils versagten sie vor Mattigkeit oder wegen verdorbenen Hufbeschlages den Dienst; es mußten Pferde von anderem Fuhrwerk beigeschafft oder russische Kürassierpferde vorgespannt werden; ja die

[25]) Friedrich Freiherr von Bianchi, Duca di Casalanza, k. k. österr. Feldmarschall-Lieutenant. Wien 1857, Sommer. S. 350 f. — Auch die aufgenommenen Wegführer gaben einzelnen Truppenabtheilungen zu schaffen; so erzählt Thielen S. 127 f. ein kleines Mißgeschick des damaligen Obersten Grafen Latour, woran, nebenbei gesagt, dessen edler vertrauensvoller Charakter ebenso Schuld war wie später an seinem gräßlichen Ende.
[26]) Thielen S. 114 f.
[27]) Bianchi S. 351 f.

Geschütze der preußischen Garde wurden von abwechselnder Mannschaft über die Gebirge gezogen. Lange Züge von Geschütz- und Munitionskarren, von Bagagewagen und anderem Troß wurden durch Colonnen von Fußvolk und Reiterei, die vor ihnen die Straße gewonnen hatten, stundenlang aufgehalten; als nun endlich der Weg frei wurde, da wollte jedes, aus Furcht vom nachrückenden Feinde eingeholt zu werden, das erste sein; wo nur immer die schmalen Gebirgswege sich erweiterten, da suchte eines das andere zu überholen und machte dadurch die Sache nur desto ärger, indem sie sich dabei in den Rädern verfuhren und Wagen und Pferde durcheinander stürzten, während die rückwärtigen nachdrängend keine Zeit sich zu sammeln ließen. So gab es auf der Straße über den Geiersberg, über Graupen und auf andern wegsamen Ausmündungen des Gebirges in das Teplitzer Thal hinab am 29. August Stellen, die durch umgestürzte oder in einander gefahrene Wagen, durch zerbrochene Geschütz-Laffetten, Proviant-Equipagen, Munitions-Karren u. dgl., dazwischen liegende todte oder marode Pferde vollständig verstopft waren, so daß einzelne Leute nur mühsam am Berghang daneben hinkletternd fortkommen konnten [28]).

Kaiser Alexander von Rußland theilte die Gefahren und Mühen dieser unglücklichen Tage bis zum letzten Augenblicke; die Nacht vom 28. auf den 29. brachten er und Fürst Schwarzenberg in Altenberg zu. Allein den König von Preußen, welcher der böhmischen Armee gleichfalls nach Sachsen gefolgt war, litt es nicht mehr dort; unruhig und bekümmert eilte er dem Heere nach Teplitz voran, wo Kaiser Franz seit 25. August sein Hoflager aufgeschlagen hatte und wo sich auch Graf Metternich, der Leiter der diplomatischen Action gegen Napoleon, befand [29]).

Vandamme kann der Befehl, den Napoleon auf seinem Ritte nach Pirna hatte ausfertigen lassen [30]), erst in Hellendorf zugekommen sein, wo er bereits in der Unternehmung begriffen war, die ihm nun vorgezeichnet wurde. Noch vor Empfang dieses Befehles hatte Vandamme an den Kaiser über die Vorfälle des Tages berichtet und sein weiteres Vorhaben mit den Worten angezeigt: „Ich marschire mit dem ganzen ersten Corps auf Teplitz, dafern ich keinen Gegenbefehl bekomme" [31]).

Morgens zwei Uhr am 29. August brach er gegen Peterswalde auf. Fürst Schachofskoi hatte über Auftrag Ostermann's in der Nacht große Feuer anzünden lassen, um den herankommenden Feind über die Stärke seiner Abtheilung zu täuschen. Dieß und der Nebel, der über der Gegend lag und alles in dichten Schleier hüllte, bewirkte in der That, daß Vandamme anfangs meinte, es mit einem viel stärkeren Corps zu thun zu haben. Andererseits jedoch schadete der Nebel den Russen, deren einzelne Abtheilungen einander nicht im Gesichte hatten und die sich nahenden Truppen Vandamme's nicht früher erkannten, als bis sie zu feuern und einzuhauen begannen. Nun kam ein Augenblick heilloser Verwirrung. Die Uhlanen Knorring's, von feindlicher Reiterei angefallen, warfen sich auf die bereits durch das nördliche Ende von Peterswalde marschirenden Bataillone Schachofskoi's, die nun, dadurch in Unordnung gebracht und von den auf Seitenwegen in das Dorf selbst einbrechenden

---

[28]) Aster S. 146, 151.
[29]) Bei Plotho II. S. 19 ff. findet man sorgfältig den Aufenthalt der drei Monarchen und den Standort der verschiedenen Hauptquartiere an jedem Tage verzeichnet.
[30]) Im Urtext zu lesen bei Thiers XVI. p. 328, Note 1.
[31]) Hofmann S. 162 f. Aster S. 115 f. 225.

französischen Reitern angefallen, nicht Feind nicht Freund mehr unterschieden und ihre
Gewehre auf's gerade Wohl abfeuerten, in unentwirrbarem Knäuel immer weiter drängend,
um die vordern Truppen zu erreichen. Bald sah sich die Abtheilung Helfreich's, die eben
abmarschiren wollte — die Garden waren schon um halb fünf, als es kaum tagte, aufgebrochen und befanden sich bereits auf dem Wege nach Nollendorf —, von einem aufgeregten
Gewimmel umtobt. Alles drängte und schrie durcheinander; tatarische Uhlanen jagten mit
dem Schreckensrufe: Alles verloren! vorüber; Stabs-Officiere, von ihrer Mannschaft
getrennt, riefen nach ihren Bataillonen; versprengte Adjutanten mit geretteten Fahnen unter
dem Arm kamen daher geflogen. Glücklicherweise war der Schrecken größer als der
Schaden, der immerhin an 400 Todte, Verwundete und Vermißte betrug. Es gelang, die
weiteren Angriffe der Franzosen abzuwehren und die Truppen unter dem wohlthätigen Schutze
des Nebels aus Peterswalde hinauszuführen. Aber ehe noch Jungferndorf erreicht und die in
Verwirrung gerathenen Massen einigermaßen geordnet, waren ihnen schon wieder die Franzosen auf den Fersen. Doch jetzt wirft sich unterm Schmettern der Trompeten Prinz Leopold
von Sachsen-Coburg an der Spitze seiner Küraffiere den französischen Reitern in den Weg,
dringt, von Knorring, der seine Uhlanen inzwischen wieder gesammelt hatte, unterstützt,
unaufhaltsam auf jene ein und wirft sie auf Peterswalde zurück. Das Regiment erhielt zum
dauernden Gedächtniß an diese glänzende Waffenthat, der die Infanterie der russischen Nachhut ihre Rettung verdankte, silberne Trompeten.

Und erneute Angriffe hatte, während Ostermann und Jermoloff den größten Theil der
Garden schon glücklich den Nollendorfer Berg hinabgebracht hatten und nun durch Kulm
gegen Priesten führten, Prinz Eugen von Würtemberg mit seinen so bedeutend zusammen-
geschmolzenen und nun schon den vierten Tag fast unausgesetzt marschirenden und kämpfenden Truppen bei Nollendorf, bei Vorder-Tellnitz, vor und in Kulm zu bestehen, welche Orte
einer nach dem andern eine zeitlang gehalten werden mußten, um die ungestüm nachdrängen-
den Franzosen etwas aufzuhalten, die erst nach 7 Uhr Morgens, nachdem sich die Nebel
zertheilt hatten, gewahr wurden, mit was für einer schwachen Abtheilung Russen sie es zu
thun hatten.

Der reizende Thalkessel und dessen kriegsentwohnte Bevölkerung hatte schon Tags
zuvor etwas von den Schrecknissen und Gefahren des Krieges zu verkosten bekommen. Der
vorausgesandte Troß des Ostermann'schen Corps war am 28. von Peterswalde herab
tobend und lärmend in wilder Eile durch Kulm gekommen, hatte die Schreckenskunde der
Annäherung eines französischen Corps gebracht und war dann über Karbitz nach Aussig
abgezogen, querfeldein über Stock und Stein, während die ihn begleitenden Kosaken in der
Gegend umherschwärmten, anfielen und plünderten, wer ihnen in den Wurf kam. Es hat sich
in der Gegend vom Vater auf den Sohn und vom Sohn auf den Enkel vererbt, daß man
in jenen Tagen von den bundesgenossischen Russen viel mehr als von den feindlichen Franzosen zu erdulden gehabt. Doch die Schrecken des gestrigen Tages waren vorübergerauscht
wie ein wilder Traum; ein herrlicher Sonntagsmorgen war angebrochen, und fromm und
friedlich wanderten die Leute unter dem Tönen der Glocken zu dem Dreifaltigkeits-Kirchlein
auf dem Horkaberge bei Kulm hinauf, als von den Nollendorfer Höhen fernes Kanonen-
getöse dumpf herüber hallte, als es sich immer vernehmlicher, immer lauter, immer
betäubender herab und heran wälzte, als die Leute hastig aus der Kirche drängten und

als nun auch schon im Orte zu ihren Füßen das Kriegsgetümmel tobte, Franzosen angriffen, Russen abwehrten, Schlachtrufe, Hilferufe, Schmerzensrufe ertönten, Trommeln wirbelten, Trompeten schmetterten, Schüsse krachten, französisches Geschütz den von seinen andachtsvollen Besuchern schnell verlassenen Gottesberg einnahm und von da Blitz und Donner und Rauch herabschüttete, während die aufgejagten Bewohner mit Schrecken in den Blicken und mit Schrecken in den Gliedern durcheinander fahren, Vieh aus dem Stalle treiben, Habseligkeiten davon schleppen, besorgte Väter, jammernde Mütter ihre Kinder auf den Armen forttragen oder an den Händen fortzerren, das Dienstgesinde zur Eile anrufen, Hab und Gut, das sie verlassen müssen, mit einem Blick zum Himmel seiner schützenden Gnade empfehlen . . . .

Die Schlacht.

5.

Die Ehre der Tage vom 26. August bis in die Morgenstunden des 29. gebührt ohne Frage dem Prinzen Eugen von Würtemberg. Die tapfere Gegenwehr in dem Gefecht bei Kriezschwitz; der Marsch von Zehista über Berggießhübel und Hellendorf nach Peterswalde; der Wettkampf mit den vielfach überlegenen, von allen Seiten nachdringenden und hereinbrechenden Truppen Vandamme's, wer dem andern die große Heerstraße nach Böhmen voraus abgewinnen würde; der Muth, die Ausdauer, die Entschlossenheit, die Lebendigkeit, die Geistesgegenwart, womit der Prinz in einem fast drei Tage und drei Nächte hindurch unausgesetzten Marschiren und Schlagen zuletzt den großen Preis des Kampfes zu erringen wußte, alles das sichert dem jugendlichen Helden einen gefeierten Namen in der Geschichte jener ereignißvollen Tage.

Graf Ostermann schien diese ganze Zeit hindurch, obgleich auch er Gelegenheit fand, Beweise aller soldatischen Tugenden zu geben, die ihn so sehr auszeichneten, einzig darauf bedacht zu sein, wie er die ihm anvertrauten Garden wohlbehalten nach Böhmen bringen könne. Es mußte ihm diese Sorge besonders an's Herz gelegt worden sein. Die Befehle Barclay's, die Berichte und Entschuldigungen Ostermann's an den Kaiser [32], die Marsch-Dispositionen vom 28. und 29. August, alles hatte einzig die Garden im Auge, und die Truppen des Prinzen von Würtemberg schienen nur dazu da zu sein, um jene zu decken und zu schützen. Wohl läßt sich diese Vorliebe für die Garden und die ängstliche Sorgfalt für ihre Erhaltung begreifen. Alle gleichzeitigen Berichte stimmen darin überein, daß mit dieser vorzüglichen Truppe, schönen und kräftigen Leuten, aus allen Regimentern des Heeres auserlesen und befehligt von Officieren, die zumeist den ältesten und berühmtesten Familien Rußlands entstammten, nur die französischen den Vergleich aushalten konnten [33]. Allein am Ende

[32] Siehe z. B. Hofmann S. 166 Anm.

[33] „Schritt. Blick und Haltung verriethen das stolze Bewußtsein, daß Macht und Ansehen des großen Czaaren r iches in letzter Instanz auf ihrer Kraft beruhe", sagt Fallmerayer a. a. O. S. 316, die er anderswo „die ultima ratio" des Selbstherrschers aller Reußen nennt.

bleibt es doch immer wahr, daß die beste und schönste Truppe nicht dazu da ist, um wohl-
behalten wieder nach Hause gebracht zu werden, sondern um ihren redlichen Theil an der
Abwehr gemeinsamer Noth und Gefahr zu nehmen. Auch das kriegstolzeste Volk des
classischen Alterthums hatte seine ausgewählten Leute, seine Triarier, die es in das dritte
Glied stellte und nicht ohne Noth in den Kampf brachte; allein wenn der entscheidende
Augenblick gekommen war, dann hieß es: „die Triarier vor!" und das schwerste Stück
Arbeit fiel der römischen alten Garde zu.

So eigenthümlich aber Ostermann seine Aufgabe erhalten oder aufgefaßt haben mochte,
er hatte sie treulich besorgt und trefflich gelöst. Die Garden befanden sich lange schon hinter
Kulm in augenblicklicher Sicherheit, während sich die Truppen des Prinzen von Würtemberg
noch kämpfend und abwehrend den Weg die Nollendorfer Straße hinab bahnen mußten. Und
dabei waren die Garden, das nicht sehr blutige Gefecht am Dürrenberge abgerechnet, fast
unversehrt im Thalkessel von Teplitz angelangt, da hingegen einzelne Regimenter vom Corps
des Prinzen von Würtemberg an Todten und Verwundeten, an Gefangenen und Versprengten mehr als die Hälfte ihrer Leute verloren hatten. Und in solcher Weise gedachte
denn auch Ostermann sein Werk zu vollenden. Noch in den Morgenstunden des 29. August
schienen seine Gedanken ausschließlich damit beschäftigt, wie er seine Garden in volle Sicher-
·heit hinter die Eger zu bringen vermöchte. Von Pristen aus ließ er dem Kaiser von
Oesterreich nach Teplitz seine Ankunft melden, beifügend jedoch, daß er nicht im Stande sein
werde, sich gegen den andringenden Feind zu behaupten, daher es Se. Majestät für gut
finden wolle, bei Zeiten auf seine Sicherheit bedacht zu sein. Kaiser Franz machte hievon
sogleich dem Könige von Preußen Mittheilung [24]). Der Kaiser von Oesterreich ersah im Augenblick die Gefahr und w e i l er sie ersah, begab er sich, um nicht alles auf's Spiel zu setzen, von
Teplitz weg nach Laun. Auch König Friedrich Wilhelm ersah im Augenblick die Gefahr, und
w e i l er sie ersah, begab er sich, da für ihn alles auf dem Spiele stand, von Teplitz gegen
Pristen. Denn er wußte, der biedere schwer geprüfte Monarch, daß Napoleon sein Haus
seit dem Vertrage auf der Pscherung'schen Mühle, seit dem Aufruf von Breslau aus der
Reihe der regierenden Dynastien gestrichen hatte und daß es für ihn und sein Reich,
wenn das ungeheure Wagniß mißlang, keine Gnade gab. König Friedrich Wilhelm
sandte sogleich einen seiner Flügel-Adjutanten ab und schickte bald darauf ein eigen-
händiges Schreiben nach, um es Ostermann in der eindringlichsten Weise an's Herz zu
legen: daß er sich nach Möglichkeit halten möge, um dem verbündeten
Heere, das noch in den Schluchten des Erzgebirges mit den größten
Hindernissen zu kämpfen habe, den Rückzug zu sichern, ja dem Kaiser
Alexander selbst, der sich noch im Gebirge befinde, die Rückkehr nicht
zu gefährden [25]).

Dieser Schritt des Königs von Preußen, namentlich die Hinweisung auf die Lage
des Kaisers Alexander, wirkte entscheidend auf Ostermann, der sich nun erst entschloß, gegen
Vandamme Front zu machen und mit Aufbietung aller Kräfte dessen weiterem Vordringen
Schranken zu setzen.

[24]) Plotho II. S. 70.
[25]) After S. 131.

Es geziemt sich wohl, daß wir einen Augenblick innehalten, um die Person der beiden Helden, die wir sogleich in einem der hartnäckigsten und blutigsten Kämpfe aneinander gerathen sehen werden, näher in's Auge zu fassen.

Sie standen beide fast in gleichem Lebensalter — Vandamme 1771, Ostermann zwischen 1770 und 1772 geboren —; sie gaben einander, beide frühzeitig unter Waffen getreten, nichts nach an Kriegserfahrung; sie glichen sich im soldatischen Wesen, in kühner Tapferkeit, in Verachtung, ja trotziger Herausforderung der Gefahr.

Alexander Ivanovich Tolstoi, aus dem christianisirten Tatarengeschlechte der Bibikof, war in harten Kinderjahren aufgewachsen, war unter Suwarow's eiserner Kriegs= zucht, unter der auch sein Vater früher als Artillerie-General gestanden, zum Soldaten gebildet worden und hatte als zwanzigjähriger Jüngling den grauenvollen Sturm auf Ismail (1790) mitgemacht. Nach geschlossenem Frieden in die Hauptstadt zurückgekehrt, wurde er von seinen Großohmen, den zwei kinderlosen Grafen Ostermann, zum Erben ihres Namens und Grafentitels, aber auch ihres Vermögens eingesetzt, dessen bedeutende Rente sich durch seine spätere Vermälung mit einer Fürstin Galitzin auf eine halbe Million hob. 1807 hat General Ostermann unter Beningsen an der Narew und bei Pultusk, bei Eylau und Friedland wacker gestritten; 1812 hat „der eiserne Graf" bei Ostrowno, Smolensk, Borodino, dann bei Tarutino und Malo-Jaroslawetz die ärgsten Gefahren bestanden und sein zu Anfang des Feldzuges bei 15.000 Mann zählendes Corps im furchtbaren Kampfe gegen Feind und Unwetter binnen wenig Monaten auf 2000 waffenfähige Leute zusammen= schmelzen gesehen. 1813 erlitt er in der Schlacht bei Bautzen eine schwere Verwundung und folgte, noch Reconvalescent, ohne bestimmtes Commando, doch brennend vor Durst nach neuen Thaten, in der Eigenschaft eines General-Adjutanten des Kaisers Alexander dem großen Hauptquartiere der böhmischen Armee nach Sachsen, als ihm das Vertrauen seines Kriegsherrn den Oberbefehl über den rechten, nach der Umkehr linken Flügel der russisch= preußischen Truppen übertrug [36]). Ostermann, in seiner Jugend wenig gebildet, aber von Natur verständig, wißbegierig und bestrebt, frühe Lücken durch spätere Lecture und Umgang mit kenntnißreichen Männern auszufüllen, im Grunde des Herzens wohlwollend und bieder, erkenntlich für fremde Dienstleistungen und bescheiden in der Würdigung der eigenen, konnte doch in Wesen und Sitten sein Leben lang die Schule nicht verläugnen, aus der er hervorgegan= gen war. Von einem Trotz und Eigensinn, der sich, wenn ihm der Raptus kam, nicht vor der Macht der Elemente beugen will, schien er es zeitweise darauf anzulegen, daß ihm sein Ruf als sonderbarer Kauz, als der er bei der ganzen Armee bekannt war, nicht etwa abhanden komme [37]). Fügen wir hinzu, was den Russen zum Russen macht: eine glühende Liebe für sein „heiliges" Vaterland und eine tiefinnige Gläubigkeit und Gottesfurcht, so haben wir ungefähr im gei= stigen Bilde vor uns — den Helden des ersten Schlachttages von Kulm [38]).

---

[36]) Wolzogen S. 196 ¹) sagt, er „glaube" (?!) „daß der Kaiser dieß nur aus dem Grunde gethan, weil er Ostermann's unausgesetzten Bitten um Ertheilung eines Commando's los sein wollte." Sonst wird das schwerlich jemand „glauben", der in's Auge faßt, wie sehr Alexander von der entscheidenden Wichtigkeit des Postens vor dem Königstein überzeugt war.

[37]) Nach seiner Rückkehr aus dem Feldzug, in welchem er, wie wir gleich hören werden, einen Arm verlor, soll er zwei zahmen Bären, die er sich hielt, die eine Vordertatze haben abhauen lassen, damit sie nichts vor ihm voraus hätten. Aster S. 58 Anm.

[38]) Fallmerayer Graf Ostermann-Tolstoi. Gesammelte Werke II. S. 359—378. F. hatte zu O. durch sechs= undzwanzig Jahre in nahen Beziehungen gestanden und verabsäumt leider, uns das Aeußere des „eisernen Grafen" mit so glänzendem Colorit zu malen wie dessen Inneres.

Dominic Vandamme, Graf von Hünburg, 1792 Errichter und Führer der „Jäger von Mont-Cassel" und kurz darauf, einundzwanzigjährig, zum Brigade-General befördert, hatte in den Kriegen der jungen Republik bald in der Nord-, bald in der Sambre-Armee, dann an der Maas und wieder am Rheine gekämpft und überall den Ruf eines entschlossenen und tapfern, aber auch eines wilden und ungestümen Führers davongetragen. Als Unterfeldherr des neuen Kaisers der Franzosen befehligte er wiederholt die Würtemberger und war darum auf dem Sonnenstein höchlichst erzürnt, als ihm auf seine Frage, wer „da unten" commandire, die verlangte Auskunft ward; er schimpfte weidlich, wie sich ein Prinz von Würtemberg in den Reihen der Feinde befinden könne, da doch noch fortwährend Würtemberger unter französischen Fahnen fochten. Doch war nicht eben das der Fluch jener unglücklichen Tage, die Völker und Personen in der absonderlichsten Weise durcheinander gewürfelt hatten, und befand sich nicht zu derselben Zeit ein hervorragender französischer Patriot im französenfeindlichen Hauptquartier der Verbündeten? Vandamme zählte zu den unerschrockensten und kühnsten, aber zugleich zu den gefürchtetsten und wegen der Zügellosigkeit und Erpressungen seiner Truppen verrufensten Generale Napoleon's, dem er sich in allen Lagen unbedingt ergeben zeigte und der in seiner treffenden Weise das Lob, das dessen gute, und das Verdict, das dessen böse Eigenschaften verdienten, in den Ausspruch zusammenfaßte: „Wenn ich zwei Vandammes hätte, gewiß, ich würde einen erschießen lassen!" Sich selbst und seinen Charakter hat Vandamme am besten in einem Tagesbefehle gezeichnet, womit er sich am 13. April 1813 den zitternden Bewohnern Bremens ankündigte: „Gut und bieder von Sinnesart, gerecht durch Gewohnheit, werde ich schrecklich durch meine Pflicht. Ganz Soldat und den Pflichten meines Standes getreu schone ich nichts, wenn der Wille meines Herrschers, das Wohl des Vaterlandes und der Ruhm unserer Waffen es erfordern." In der Zeit, in der wir uns bewegen, commandirte Vandamme das erste französische Armeecorps und hatte trotzdem, glühend vor Ehrgeiz nach dem Marschallstab, noch immer nicht diese höchste Stufe militärischer Auszeichnung erreicht, die er mehr verdient hätte, als mancher von jenen, die sich ihrer seit Jahren erfreuten [39]). Sein Corps — 52 Bataillone Infanterie, 29 Escadrons Reiterei und 82 Geschütze, zusammen auf das höchste berechnet 40.000 Mann — bestand aus kräftigen Leuten von guter Haltung, stach dadurch von den meisten andern, die fast durchaus ungeübte Neulinge hatten, vortheilhaft ab und gehörte damals zu den vorzüglichsten französischen Heeresabtheilungen [40]). Vandamme's Unterbefehlshaber — die Divisionärs Dumonceau, Philippon, Dufour, Mouton-Duvernet und Corbineau, die Brigadiers Fürst Reuß, Quiot, Gobrecht, Heimrodt, Dunesme, Montesquiou-Fesenzac, Creutzer, Doucet — gehörten zum Theil zu den tüchtigsten Generalen der französischen Armee; zudem hatte ihm Napoleon, da er ihm seine ersten Befehle hinsichtlich der Unternehmung gegen den rechten Flügel der Verbündeten zukommen lassen, einen erfahrenen und besonnenen General-Stabsofficier, den Genie-General Haxo, an die Seite gegeben [41]).

---

[39]) Thiers XVI. S. 329 f.

[40]) Aster S. 60, 62. Daselbst werden nur 60 Geschütze angegeben; da aber Vandamme am 30. August 82 Geschütze verlor, so muß er auch so viel gehabt haben. S. auch Hofmann S. 109 und 133.

[41]) Thiers XVI. p. 291 — „qu'il chargea d'être le guide et le mentor du bouillant Vandamme".

6.

Man hat die Schlacht bei Kulm eine „Schlacht des Zufalles, im Ganzen unzuſammen-
hängend" genannt [42]). Dieſen Namen verdient die Hauptbegebenheit vom 30. Auguſt, die
vom Fürſten Schwarzenberg genau vorher geſehen und berechnet war und für welche Barclay
die beſtimmteſten, im Laufe der Schlacht der Hauptſache nach durchaus eingehaltenen Anordnungen traf, gewiß nicht. Der erſte Schlachttag (29. Auguſt) dagegen bietet in der That die
intereſſante Erſcheinung, daß beide Gegner nicht nur ihre eigentliche Aufſtellung erſt während
des Gefechtes entwickelten, ſondern ſelbſt die Truppen, womit ſie dieſelbe ausfüllten, zu einem
großen Theile erſt im Laufe der ereignißvollen Stunden erhielten.

König Friedrich Wilhelm hatte ſich nicht damit begnügt, Oſtermann dringende Bitten
und Mahnungen zuzuſenden; ſchon waren ſeine kriegeriſchen Boten nach allen Ausmündungen
des Gebirges zwiſchen Priſten und Teplitz ausgeſandt, um Truppen, die in das Thal
herabgeſtiegen kamen, anzuhalten, den Anmarſch der zurückgebliebenen zu beſchleunigen und
der kämpfenden ruſſiſchen Heldenſchaar zuzuführen. Der tapfere Oberſt Jacob von Sück an
der Spitze ſeiner Erzherzog Johann-Dragoner vernahm entfernten Geſchützdonner und
eilte in die Ebene hinab, als ein preußiſcher Adjutant heranſprengte und ihn bat, zum Könige
zu kommen, der auf einer Anhöhe nächſt Teplitz hielt. „Sie ſehen, mein lieber Oberſt",
ſprach ihn dieſer an, nachdem er ihm in Kürze die vorausgegangenen Ereigniſſe mitgetheilt,
„die bedenkliche Lage unſeres Heeres. Ich erſuche Sie daher, mit ihrem Regimente alles
anzuwenden, was das drohende Unglück verhindern kann. Die zweckmäßige Aufſtellung
Ihres Regimentes überlaſſe ich Ihrer eigenen Einſicht" [43]). Auch den Großfürſten Conſtantin
bewog der König, das Uhlanen- und das Dragoner-Regiment der Garde ſchleunigſt auf den
Kampfplatz zu ſenden.

Es hing nicht von Oſtermann's Belieben ab, früher in den Kampf zu gehen, bevor
er nicht alle Truppentheile, auf deren baldiges Eintreffen er zählen durfte, beiſammen
hatte. Er mußte ſich wehren, ſobald er angegriffen wurde; denn nicht zu ſchlagen, ſondern
nur nicht geſchlagen zu werden, war ſeine Aufgabe. Vandamme hingegen wurde es von
klugen Leuten, die ſpäter für „Wenn" und „Aber" Muße hatten, ſehr verübelt, ſogleich auf
Oſtermann losgeſtürmt zu ſein, als er nur den geringſten Theil ſeiner Truppen vor Kulm
geordnet hatte [44]). Wir wüßten nicht bald einen ungerechteren Vorwurf. Er hatte vom Kaiſer

[42]) Die Kriege von 1792—1815 u. ſ. w. von Oberſt Fr. v. Kausler und Profeſſor J. E. Woer-Karlsruhe
und Freiburg, Herder, 1842. S. 653.

[43]) Der Militär-Maria-Thereſien-Orden und ſeine Mitglieder. Nach authentiſchen Quellen bearbeitet von D. J.
Hitenfeld. Wien, k. k. Hof- und Staatsdruckerei 1857. II. S. 775.

[44]) Siehe z. B. Portefeuille de 1813 etc. par M. de Norvins. Paris, P. Mongie aîné, 1823, II. p. 322. —
Auch Thiers kommt auf dieſen, wie er meint, unverzeihlichen Fehler Vandamme's wiederholt zurück; gar nicht im Einklange
mit anderen Stellen, wo er, wie z. B. XVI. S. 334, ausdrücklich hervorhebt, daß Vandamme, da er am 29. raſch
angriff und am 30. tapfer ausharrte, „obéissait à la fois à des ordres précis."

den Befehl, Teplitz vor der im beschwerlichen Rückzuge befindlichen Armee der Verbündeten zu gewinnen. Konnte er da auch nur einen Augenblick länger zögern als unumgänglich nöthig? Mußte ihn nicht jede Stunde, die den Gegnern für die Entwicklung ihrer Truppen aus dem Gebirge zugute kam, von seinem Ziele entfernen? Zudem hatte er nur den geringen russischen Heerestheil vor Augen, den er von Berggießhübel bis Peterswalde vor sich hergetrieben, von da bis Nollendorf hinabgeworfen und dem er auf dieser ganzen Strecke die empfindlichsten Verluste beigebracht hatte; sollte er dem Gegner Zeit lassen, sich zu sammeln, zu ordnen, durch Herbeiziehung anderer Truppenkörper zu verstärken?

Ostermann hatte, von dem Prinzen Würtemberg und General Jermoloff berathen, rasch seine Anordnungen getroffen und seine geringe Truppenmacht in und um Priſten trefflich vertheilt [45]).

Den Mittelpunct seiner Aufstellung bildete das genannte Dorf, nächst der Teplitzer Straße gegen die Abfälle des Gebirges zu gelegen, wo das stellenweise durch Hügel und Senkungen unterbrochene, mit zahlreichen Bäumen und Buschwerk besetzte Terrain die Stärke und Verwendung seiner Truppen zum Theil den Blicken des Feindes entzog. In und hinter Priſten stand der Prinz von Würtemberg mit den Truppen der Generale Schachofskoi und Helfreich, im Ganzen, nach den erlittenen großen Verlusten und bei dem Ausbleiben des Generals Püschnitzki und des Obersten Wolff, die noch im Gebirge herumirrten, etwa 5500 Streitfähige; aber auch diese erschöpft und abgemüdet nach den unausgesetzten Mühen der letzten Tage. Theils rechts von Priſten über der Straße, vorzüglich aber hinter dem Dorfe gegen seinen linken Flügel zu hatte Ostermann die Hauptmacht seiner Artillerie aufgestellt. Sein linker Flügel lehnte sich an die vom Kamm des Gränzgebirges herabfallenden waldigen Abhänge. Eine vor dem Dorfe Straden etwas vorspringende Höhe hielt General Biſtrom mit einem Infanterie-Regiment, mit den Gardejägern und mit einer Batterie besetzt. Hinter Straden vom Gebirgsrande bis gegen Priſten stand die Garde-Infanterie unter Rosen; alles zusammen etwa 6700 Mann unter dem Befehle Jermoloff's. Ostermann hatte mit richtigem Blick seinem linken Flügel die größte Stärke gegeben, die fast unversehrten Garden, weil er durch Anlehnung an die Berge dem verbündeten Heere das Herabsteigen in das Thal, sich selbst aber den wünschenswerthen Zuzug sicherte und weil er aus denselben Gründen voraussetzen konnte, daß der Angriff Vandamme's zunächst hierher gerichtet sein werde. Seinen rechten Flügel, den ausschließend die Reiterei bildete, dehnte Ostermann rechts von der Straße bis gegen Karbitz auf eine von Bächlein und Wässern durchschnittene Niederung aus; den Befehl über den rechten Flügel führte Fürst Dimitri Galitzin.

Von der Aufstellung Vandamme's zu Anfang des Gefechtes ist nicht mehr zu sagen, als daß er seine die Nollendorfer Straße zuerst herabkommenden Brigaden vor Kulm sammelte und seine Feuerschlünde von dem Horkaberge herab auf die Russen wirken ließ, denen sie jedoch, zum Theil wegen deren gedeckter Stellung, keinen großen Schaden zufügten. Alle nachkommenden Bataillone nahmen dann den Marsch durch Kulm und rückten im Verlaufe des Gefechtes weiter gegen Straden vor und darüber hinaus, während die Geschütze auf den Bodenerhöhungen rechts und links der von Kulm ausmündenden Straße auffuhren und die

45) Hofmann S. 170 f.

Reiterei links von Kulm vor den Wapplingsbergen der ruſſiſchen gegenüber, von der ſie die querüber der Straße herabfließenden Bächlein und Mühlgräben ſchieden, Stellung nahm.

Vandamme's Truppenmacht ſtand zu Anfang des Gefechtes hinter jener Oſtermann's an Zahl zurück, verſtärkte ſich aber durch nachrückende Abtheilungen von Stunde zu Stunde, und war, wie ſich der heiße Kampf dem Ende zuneigte, den Ruſſen um ein Bedeutendes überlegen; jedoch nicht, wie man meiſt behaupten hört, um das Doppelte oder gar um das Dreifache **).

Zwiſchen neun und zehn Uhr, Oſtermann ſtand ſchon zur Schlacht gerüſtet, kam König Friedrich Wilhelm in Perſon zu ihm geritten und hatte eine eindringliche Unterredung mit ihm; die Worte ſind nicht aufbehalten, der Inhalt läßt ſich errathen. Nach einem letzten Segenswunſche für einen glücklichen Ausgang des verhängnißvollen Tages verließ der König den ruſſiſchen General und faßte auf einer Anhöhe vor Teplitz Stand, von wo er den Verlauf der Ereigniſſe, die nun kommen ſollten, verfolgte und fortwährend auf Zuſendung von Verſtärkungen bedacht war.

7.

Die Schlacht begann — der Regen der vorangegangenen Tage hatte ſeit frühem Morgen aufgehört und die Auguſtſonne ſchien wieder warm und hell aus dem zerriſſenen Gewölk hervor — mit einem Angriff der franzöſiſchen Brigade Reuß, die längs des Gebirgsrandes auf die Stellung Biſtrom's vor Straden vordrang und dieſe mit aller Heftigkeit angriff. Yermoloff ſandte das Garde-Regiment Semenof zur Unterſtützung und es gelang, den Angriff der Franzoſen zurückzuſchlagen. Allein bald wurden dieſe durch die neu eintreffende Diviſion Mouton-Duvernet verſtärkt und drängten die Ruſſen mit Uebermacht von der Erhöhung vor Straden und aus dieſem Dorfe zurück, das gegen 10 Uhr in hellen Flammen aufloderte **).

Es folgte jetzt eine längere Kanonade, während deren die Franzoſen ihre Colonnen neu formirten, Biſtrom ſeine Truppen in der waldigen Thalſchlucht um die Eggenmühle wieder ſammelte und Yermoloff zwei ein halb Bataillons Preobraschensk zur Unterſtützung des Regiments Semenof vorgehen ließ. Die Eggenmühle bildete nun den äußerſten linken Flügel der ruſſiſchen Aufſtellung und auf dieſen Punct richtete Vandamme zunächſt ſeinen Angriff. Zwei

---

**) Man kann auch von einer vier- und fünffachen Uebermacht leſen. — Aſter ſchlägt S. 136 die Truppenzahl Oſtermann's auf 20,000, jene Vandamme's auf 30,000 Mann an und dürfte dabei, wenn man den Zeitpunct des Gefechtſchluſſes in's Auge faßt, eher letzterem als erſterem Unrecht thun. — Dagegen ſpricht ſelbſt der ſonſt ſo vertrauenswürdige Hofmann von einem „weit mehr als doppelt ſo ſtarken Feind" (S. 173), obſchon er gleich darauf (S. 174) erwähnt, Vandamme habe am Abend des 29. „den ferneren Angriff bis zum Eintreffen ſeiner noch zurück befindlichen 23 Bataillons verſchoben".

**) So Aſter S. 138; Baron Helldorf läßt dagegen S. 43 den Kampf zwiſchen Biſtrom und Reuß erſt um 1 Uhr Nachmittags beginnen. In die Stundeneintheilung ſolcher Ereigniſſe iſt es überhaupt ſchwer eine rechte Ordnung zu bringen.

französische Bataillone suchten die Mühle etwas höher zu umgehen und eine Waldlichtung, von der jene beherrscht werden konnte, zu gewinnen; die Russen, das gewahrend, erstiegen rasch auf kürzeren Wegen den bedrohten Punct, besetzten das umgebende Gehölz und gaben, als die Franzosen aus dem Walde in's Freie herauskamen, von allen Seiten auf sie Feuer, brachen mit wildem Hurrah aus ihrem Versteck hervor, mit dem Bajonnete auf den verblüfften Feind ein und machten, die nicht unter ihren Streichen fielen, zu Gefangenen.

Mittlerweile hatte der Kampf schon größere Ausdehnung gewonnen und wogte bald auf der ganzen Linie vom Gebirge bis an die Straße mit abwechselndem Glück, aber mit gleicher Heftigkeit von beiden Seiten hin und her. Vandamme's Hauptabsicht, das war nun klar, ging dahin, die Russen vom Gebirge abzudrängen. Daher die wiederholten und mit gesteigerter Erbitterung immer wieder erneuten Angriffe auf die Eggenmühle, auf das Dorf Pristen und auf die zwischen beiden gelegene Juchten-Kapelle, während die gegen Karbitz und Neudörfel sich hinziehenden Reiterei-Flügel beider Theile, der rechte der Russen, der linke der Franzosen, sich auf gegenseitiges Beobachten, allenfalls vereinzeltes Scharmutziren oder Schießen aus der Entfernung beschränkte. Im Centrum wurde Pristen mit Uebermacht angegriffen, die Russen hinausgeworfen; als nun aber die Franzosen, jenen nachdringend, aus dem Dorfe hervorbrachen, wurden sie von den hier aufgestellten russischen Batterien mit einem so mörderischen Feuer empfangen, daß sie in Verwirrung zurückwichen, worauf Fürst Schachofskoi seinerseits vordrang und im Sturm das Dorf wieder in Besitz nahm.

Aber der gewaltigste Kampf tobte um die Juchten-Kapelle. Hier gipfelte die Wuth des Angriffes, die Hartnäckigkeit der Abwehr. Es waren die Truppen Helfreich's und die Regimenter Tschernigof und Tobolsk Schachofkoi's, die den ersten Sturm auszuhalten hatten, denen aber Jermoloff ein Bataillon seiner Garden nach dem andern (Semenof und Preobraschensk) zu Hilfe senden mußte. Von französischer Seite kamen immer neue Truppen in's Gefecht, von russischer wurde alle Kraft aufgeboten, die stets wiederholten Angriffe abzuschlagen und hierhin dorthin schwankten die Schalen des Schlachtenglückes. „Von allen Seiten gedrängt", so beschreibt ein Augenzeuge diese Phase des Gefechtes [48], „ballte sich nach und nach die Schaar der Vertheidiger in eine einzige große Masse, Truppen der Garde und von der Linie umfassend, zusammen, die bald vorwärts, bald wieder zurückwogte; man konnte dieses ganze wüthende Handgemenge nur eine wahrhafte Metzelei nennen, in welcher die Truppen beider Theile mit Löwenmuth fochten, in der aber einzelne Heldenthaten im Gewühl des ganzen großen Herganges verschwanden."

Auf französischer Seite fand hier Fürst Reuß seinen Tod [49].

Es mochte um dieselbe Zeit sein, zwischen ein und zwei Uhr Nachmittags, als Kaiser Alexander mit seiner Begleitung aus dem den Gipfel des Geiersberges bedeckenden Wald hervorkam, um die Richtung weiter nach Dux zu verfolgen. Seitwärts zur linken sah man Qualm aus dem Thale aufsteigen, den man erst für Rauch von Nachtfeuern hielt, bei aufmerksamerer Beobachtung aber als Pulverdampf erkannte; bald auch vernahm man entfernten

---

[48] Helldorf S. 44.
[49] Thiers XVI. p. 330 läßt Reuß „entre Hollendorf et Peterswalde" fallen, wo er und Vandamme den Russen „enlevèrent 2 mille hommes". Wir können uns, nebenbei gesagt, nicht dabei aufhalten, die zahlreichen Verstöße im Einzelnen zu verfolgen und zu berichtigen, welche gerade diese Partie des berühmten Geschichtswerkes aufweist.

Geschützdonner. Sofort lenkte der Kaiser nach links ab und beschleunigte seinen Ritt auf das Städtchen Graupen zu, wo er von einem erhöhten Puncte deutlich erkannte, daß man sich bei Kulm schlug. In demselben Augenblicke gewahrte er zur rechten in der Teplitzer Gegend die Spitze einer österreichischen Colonne aus dem Walde heraustreten und sandte dem Commandanten derselben die Aufforderung zu, den Kämpfenden zu Hilfe zu eilen. Es war Graf Hieronymus Colloredo mit seiner Infanterie-Division, der dem Adjutanten Alexander's die Antwort gab: Ihm sei der Marsch auf Dux vorgezeichnet und er könne nicht, ohne ausdrücklichen Befehl seines Oberfeldherrn, die Bestimmung seiner Truppen ändern. Kaiser Alexander war inzwischen im gräflich Waldstein'schen Schlosse zu Dux angekommen und befand sich in dem mit dem Bildniß des berühmten Friedländers geschmückten Zimmer desselben, als ihm die Entschuldigung Colloredo's hinterbracht wurde. Sogleich bat er den Grafen Metternich, der sich gerade in Dux befand, zu sich und ersuchte ihn, da Fürst Schwarzenberg noch im Gebirge zurück war, von seinem Ansehen Gebrauch zu machen und in diesem Zeitpuncte unvorhergesehener Noth den Grafen Colloredo zu einer Aenderung seiner Marschrichtung zu bewegen [50]).

Ueber all dem war jedoch viel Zeit vergangen. Colloredo, inzwischen in Dux angekommen, gab zuletzt den Vorstellungen Metternich's nach und setzte sich gegen Teplitz in Marsch, mußte aber auf halbem Wege zwischen Dux und Teplitz Halt machen und seinen auf das äußerste ermüdeten Truppen die langentbehrte Ruhe gönnen. Er hätte mit dem besten Willen nicht zur rechten Zeit auf die Wahlstatt kommen können, wo sich der Kampf des Tages bereits seinem Schlusse zuneigte.

Wir eilen, nach Erzählung dieses Zwischenfalles, auf den Pristener Kampfplatz und versetzen uns in die ersten Nachmittagstunden zurück.

Um die Juchten-Kapelle währte fortaus der heftigste Kampf. Franzosen und Russen verdoppelten ihre Anstrengungen um den entscheidenden Punct. Jene führten immer frische Bataillone zum Angriff vor, während sie zugleich auf Pristen einen neuen Sturm unternahmen, Schachofskoi's Schützen wie das erstemal daraus vertrieben, allein abermals hinter dem Orte von Geschützladungen empfangen und in Unordnung zurückgeworfen wurden, worauf sich die Russen zum zweitenmale in den Besitz des zum größten Theile in Flammen stehenden Dorfes — gegen vier Uhr Nachmittags [51]) — setzten.

Jetzt ließ der Prinz von Würtemberg links von Pristen die Batterien Baikof's und Czeremissinof's auffahren, deren Feuer furchtbare Verheerungen in den Massen der Franzosen anrichtete. Allein wieder sammelten sich diese, stürmten von neuem vor, trieben die Russen in gewaltigem Andrang von der Juchten-Kapelle zurück, ja rückten auf die Batterien selbst los, die sie in ihre Gewalt zu bekommen strebten.

Der größte Theil der Garde-Infanterie befand sich bereits im Gefecht, nur zwei und ein halbes Bataillon waren noch unversehrt. Der Prinz von Würtemberg erbat sich dringend zwei davon, ohne deren Hilfe die Stellung bei der Juchten-Kapelle nicht wieder zu gewinnen, das

---

[50]) Denkwürdigkeiten aus den Feldzügen v. J. 1813. Von A. Michailowsky-Danilewsky, russ. kais. General-Lieutenant und Senator. Uebersetzt von Carl Goldhammer. Dorpat, L. A. Kluge, 1837. S. 151 f.

[51]) Merkwürdige Begebenheiten beym Stadl Karbitz (Handschriftlicher Quartband im Besitze eines Karbitzer Bürgers). Dort wird auch angegeben, das Dorf Straden sei um drei Uhr Nachmittags in Brand gerathen, was aber, den bestimmtesten anderwärtigen Nachrichten gegenüber, auf einem Irrthum beruhen dürfte.

Geſchütz Baikof's und Czeremiſſinof's nicht zu retten ſei. Allein Bermoloff widerſetzte ſich
dem Begehren. „Der Prinz iſt allzu verſchwenderiſch mit dem Blute der kaiſerlichen Garden",
fiel er dem Officier des Prinzen ins Wort, und zu Graf Oſtermann ſich wendend fuhr er
fort: „Euer Excellenz, es iſt meine Pflicht, Ihnen zu ſagen, daß ich es nicht beim Kaiſer
verantworten kann, wenn die ganze Garde hier vernichtet wird. Der Prinz von Würtemberg
ſcheint der Meinung zu ſein, heute noch nicht genug aufgeopfert zu haben. Er weiß noch
einige Bataillone und will auch die noch. Sind aber dieſe weg, dann hat der Kaiſer keine
erſte Garde-Diviſion mehr." Baron Helldorf, denn er war jener Officier des Prinzen von
Würtemberg, wollte erwiedern: „„Der Prinz"" . . . doch Bermoloff ließ ihn nicht zu Wort
kommen: „Ihr Prinz iſt ein Dentſcher und ſchert ſich den Teufel darum, ob wir Ruſſen Garden übrig behalten oder nicht; meine Pflicht iſt es aber, dem Kaiſer wenigſtens etwas von
ſeiner Garde zu erhalten."

Helldorf mußte unverrichteter Dinge abreiten. Der Prinz ſprengte nun ſelbſt zu Oſtermann hin, ſtellte ihm die dringende Gefahr und die Größe der Verantwortung vor, und
Oſtermann gab dem Regimente Ismailof den Befehl vorzurücken [52].

Das entſchied. Von General Krapowitzky angeführt, drangen dieſe friſchen Bataillone
im Doppelſchritt vor, gaben eine wohlgezielte Salve auf den Feind, von dem ſie mit einem
verheerenden Feuer empfangen wurden, drangen jetzt mit gefälltem Bajonnet auf ihn ein und
warfen ihn in unwiderſtehlichem Anlauf zurück. Es war eine herrliche Waffenthat, der ent-
ſcheidende Wendepunct des Tages. Krapowitzky, mitten im Gewühl ſeiner gleich Löwen kämpfenden Truppen, erhielt mehrere Bajonnetſtiche, der Oberſt Martünof ſtürzte ſchwer getroffen
nieder, von dem herrlichen Regimente bedeckten im Nu hunderte von Leichen oder gräßlich ver-
ſtümmelten Kriegern den Boden, den der unaufhaltſame Siegerſchritt der unverletzt Gebliebenen hinter ſich ließ. Aber der glänzendſte Erfolg war der wenn auch theuer erkaufte Lohn.
Die franzöſiſchen Colonnen waren aufgelöſt in wilde Flucht, ein Feld von Leichen und Verwundeten bezeichnete die Stelle, wo ſie geſtritten, der ruſſiſche linke Flügel bewegte ſich vorwärts, ſeine Batterien ſandten volle Ladungen dem davon eilenden Feinde nach.

Wieder entſtand im Centrum eine Gefechtspauſe, nur die Geſchütze donnerten ohne Unterlaß; Franzoſen und Ruſſen brauchten einige Zeit, ihre ſtark gelichteten, bei jenen durch die Flucht,
bei dieſen durch das Vorwärtsſtürmen, bei beiden durch das vorangegangene Gemenge und
Gemetzel in Unordnung gerathenen Reihen wieder zu ordnen. Gegen Karbitz zu, wo inzwiſchen die franzöſiſche Reiterei, etwa 20 Escadrons, ihre Linie bereits vollſtändig entwickelt hatte, gab es ein kleines Gewehrfeuer, da die Franzoſen, ohne einen eigentlichen
Angriff zu wagen, ihre Plänkler ausſandten, die ihnen gegenüberſtehende ruſſiſche Reiterei zu
beunruhigen; gegen 4 Uhr Nachmittags fuhren bei Karbitz einige ruſſiſche und an des
Feindes äußerſtem linken Flügel franzöſiſche Geſchütze auf, die ſich gegenſeitig beſchoſſen [52].
Am entgegengeſetzten Ende der Schlachtlinie, in der Wildbachſchlucht um die Eggenmühle
währte mit kurzen Unterbrechungen der Kampf fort, für deſſen Erbitterung Haufen todter
oder kampfunfähiger Krieger trauriges Zeugniß gaben.

[52] Helldorf S. 45 f.
[53] Aſter S. 144.

Oſtermann blickte in das Thal zurück, ob keine befreundeten Colonnen ihm zum Beiſtand heranzögen; ein halbes Bataillon der Garde ſtand allein noch mit ungeſchwächten Kräften da. Er ſandte dem General Kleiſt Botſchaft zu, der mit ſeinen Preußen, von Marſchall St. Cyr verfolgt, dem Wahlplatze zunächſt oben im Gebirge im Anmarſch auf Fürſtenwalde begriffen war. Oſtermann ritt die ſtark gelichteten Reihen ſeiner Bataillone ab, ſie zur letzten und äußerſten Anſtrengung aufmunternd; da zerſchmetterte ihm eine feindliche Kanonenkugel den linken Arm und bewußtlos ſank er vom Pferde. Er wurde vom Kampfplatze weg nach Teplitz gebracht; als das traurige Geleite an der Stelle vorbeikam, wo der König von Preußen ſeinen Standpunct genommen hatte, ritt dieſer herzu und erkundigte ſich theilnahmsvoll um das Schickſal des ſchwer Getroffenen, der in dieſem Momente die Augen aufſchlagend das erſte Lebenszeichen gab. „Est-ce Vous, Sire?" fragte er mit matter Stimme; „l' empereur, mon maître, est-il en sûreté"[54])?

Den Oberbefehl bei Priſten übernahm nun Prinz Eugen von Würtemberg als älterer General-Lieutenant[55]). Schon bereitete Vandamme einen neuen Angriff auf den linken Flügel der Ruſſen vor; es war gegen fünf Uhr Nachmittags. Man ſah friſche Truppen, ein leichtes Infanterie-Regiment mit den Officieren und mit vielen rothen Fähnlein (jalonneurs) an der Spitze, gegen die Juchten-Kapelle heranrücken. Gleichzeitig unternahmen die Franzoſen einen neuen Sturm auf Priſten, das von ihnen zum drittenmale genommen wurde. Um die Juchten-Kapelle wuchs die Bedrängniß. Die franzöſiſchen Schützen nahmen die Batterien nächſt Priſten auf's Korn, deren Bedienungsmannſchaft ſie niederſchoſſen; Oberſt Czeremiſſinof wurde zum Tode getroffen. Das letzte Häuflein Garde-Infanterie, ein halbes Bataillon Preobraſchensk mußte in's Feuer; aber die Entſcheidung fiel jetzt der Cavallerie zu. Während Schachofskoi die über Priſten hinausdringenden Franzoſen zum drittenmale zurückwarf und das Dorf beſetzte; während der Prinz von Würtemberg zwei kurz zuvor angekommene Küraſſier-Regimenter der Garde herbeiholte, um ſie durch das wieder eroberte Dorf gegen den Feind zu führen, brach von der einen Seite Prinz Carl von Heſſen-Philippsthal an der Spitze der Garde-Uhlanen zwiſchen Priſten und der Juchten-Kapelle auf die Fronte der anrückenden franzöſiſchen Colonnen, die bereits den ruſſiſchen Batterien ganz nahe gekommen waren, los, von der anderen brauste Baron Diebitſch mit dem Dragoner-Regimente der Garde gleich einem grollenden Ungewitter von der Straße heran, faßte den Feind in ſtürmiſchem Anſprengen in der Flanke, ritt theils, ſäbelte theils ein Infanterie-Regiment nieder und warf den Reſt auf ihre eigene Cavallerie zurück. Es war ein kurzer, aber wilder Strauß. Prinz Heſſen wurde ſchwer verwundet, vierzehn Officiere ſeines Regimentes ſtürzten getroffen vom Pferde; zwei Adjutanten des General Diebitſch fielen an ſeiner Seite. Die Franzoſen erneuten ihre Angriffe nicht mehr; ihre Colonnen wichen hinter den Stradenbach zurück, zum Theil noch verfolgt von der ruſſiſchen Cavallerie.

Gegen ſechs Uhr Abends fand ſich General Barclay auf dem Schlachtfelde ein. Fürſt Schwarzenberg hatte ihn von Altenberg aus über die erſte Nachricht von Vandamme's

---

[54]) Danilewsky S. 137. — Oſtermann wurde auf dem Schlachtfelde verbunden, aber nicht, wie es z. B. in den Erinnerungen an die denkwürdige Ereigniſſe u. ſ. w. von Raimund Klaus, Teplitz 1838, Medau, S. 34 heißt amputirt.

[55]) Danilewsky behauptet dieß mit Unrecht S. 156 von Yermoloff.

Vordringen nach Kulm vorausgesandt, gleichsam als wolle er die Worte zur Wahrheit machen, die er Tags zuvor zu Barclay gesprochen: daß dieser es auf sich zu nehmen habe, wenn sich der Feind seine pflichtwidrige Fahrlässigkeit zunutze machte. Mit Barclay, oder nicht lange nach ihm kam Miloradowitsch, der sofort den Oberbefehl des Ostermann'schen Corps aus den Händen des Prinzen von Würtemberg übernahm.

Bald nach sechs Uhr traf auch Fürst Schwarzenberg, von Altenberg herab-kommend, in der Nähe der kämpfenden Russen ein. Ein General kam auf ihn zugeritten und meldete die Hauptereignisse des Tages: „Viertausend Garden", so schloß er seinen Bericht, „bedecken das Schlachtfeld; General Ostermann ist so viel wie todt; Alles ist verloren!" „Halten die Garden noch?" fragt der Feldmarschall. „Ja, Durchlaucht, jetzt noch!" „Nun denn; nichts ist verloren; denn wir sind wieder da. Eilen Sie zum Kaiser Alexander; sagen Sie ihm, daß ich ihm Glück wünschen lasse; denn morgen wird einer der schönsten Tage sein!"[56])

Nicht lange nach diesem Vorfalle, nach sechs Uhr Abends — „die Bäume hinter Baikof's Batterien warfen lange Schatten" — verstummte der Kanonendonner auf der ganzen Schlachtlinie; Diebitsch's schöne Reiterthat hatte den heißen Tag geschlossen. Van-damme ritt mit seinem Stabe nach Kulm zurück, wo er im herrschaftlichen Schlosse sein Hauptquartier aufschlug.

Geplänkel von beiden Seiten dauerte bis in den sinkenden Abend hinein fort. Vor dem russischen linken Flügel lag das Dorf Straden fast ganz in Asche; Pristen war mehr als zur Hälfte niedergebrannt; auch in Kulm brach an einer Stelle Feuer aus. Auf dem äußersten rechten Flügel stand ein Theil von Karbitz in Flammen, die niemand löschte, weil die meisten Leute entflohen waren und das Feuer ohne Widerstand die mit Getreide und Körnern gefüllten Gehöfte ergriff; von Norden her drangen, nachdem schon der Kampf des Tages geschlossen war, Franzosen marodirend in den Ort und plünderten; dasselbe thaten die Russen im südlichen Theile, doch mit dem Unterschiede, daß jene, wo sie auf Einwohner stießen, nur Nahrungsmittel wegnahmen, die andern dagegen alles aufgriffen, was sie fanden[57]).

Die Nacht sank herab. Schwerer Schlaf streckte die Glieder der ermatteten Krieger in Ruhe. Dunkelheit und Stille lagerte über dem weiten Gefilde; jene nur erhellt durch hunderte von Beiwachtfeuern, deren fortlaufende Reihen deutlich die Gränzen der beiderseitigen Auf-stellung zeichneten; diese nur unterbrochen durch das dumpfe Anrufen der Vorposten, durch das weilenweise Gehämmer der Schmiede, welche die dringendsten Ausbesserungen an Geschützen, Wagen u. dgl. für die Arbeit des morgigen Tages besorgten, aber auch durch das leise Wimmern oder schwere Aechzen der Verwundeten, die man bei weitem nicht alle noch hatte unter Dach bringen können.

---

[56]) Protesch S. 187. — Was Danilewsky S. 154 von Schwarzenberg und Alexander erzählt, glaubt ihm kein Mensch, nicht bloß weil es der Situation, sondern mehr noch weil es dem Charakter des Ersteren ganz unähnlich sieht. Uebrigens hatten der Fürst, wenn er dem Kaiser etwas vorlamentiren, und der Kaiser, wenn er den Fürsten auf-richten wollte, während des dreitägigen Rückzuges, wo sie genug beisammen waren, hinreichend Zeit dazu und brauchten damit nicht erst auf das Wallenstein-Zimmer im Turer Schlosse zu warten. Oder noch ließe sich eine solche Scene zwi-schen dem Kaiser und dem Grafen Metternich, von dessen Stimmung Bernhardi III. S. 219 spricht, annehmen.

[57]) Aster S. 146.

Denn der Tag hatte schwere Opfer gekostet. Zwar nicht 4000 Garden, wie der russische General dem Ober-Befehlshaber meldete, aber 2700 waren todt oder verwundet; davon entfielen 900 auf Semenof, 700 auf Preobraschensk, 600 auf die Jäger, 500 auf Ismailof. Die Garden hatten Wunder von Tapferkeit verrichtet. „Ich hatte nicht nöthig", sagte Yermoloff in dem Berichte an seinen Kaiser, „die Soldaten anzuspornen; so unerschrocken waren die ihnen als Muster dienenden Befehlshaber und so sehr brannte jeder von Eifer, daß ich mich vielmehr in die Nothwendigkeit versetzt sah, die Hitze Einiger zu mäßigen" [58]. So sprachen auch alle anderen Berichte von der tapferen Aufopferung der Garden; so legt davon das prachtvolle Denkmal auf der Pristener Wahlstatt ruhmvolles Zeugniß ab. Allein Berichte und Denkmal lassen es ganz unerwähnt, daß die andern russischen Truppen, abgesehen davon, daß sie auf dem gefahrvollen Rückzuge von Peterswalde bis Kulm die Deckung der Garden mit der empfindlichsten Einbuße ihrer eigenen Mannschaft erkauft hatten, auch auf dem Pristener Schlachtfelde mit jenen an Tapferkeit und Ausdauer vollkommen ebenbürtig wetteiferten [59]. Das schon sehr gelichtete Corps des Prinzen von Würtemberg hatte, die Truppen Helfreich's inbegriffen, an 2400 Mann verloren; die Reiterei bei der letzten glänzenden Attaque und durch Geschützfeuer an 800 Mann und Pferde. Im Ganzen war daher von den in den Kampf gegangenen Russen, ihre Anzahl mit den während des Gefechtes hinzugestoßenen Verstärkungen auf 20000 berechnet, am Abend der Schlacht fast der dritte Theil kampfunfähig.

Sie hatten einen schönen Sieg erfochten — denn Siegen hieß hier Stand halten, und mit Ausnahme des vor Straden vorgeschobenen Punctes und eines Theiles von Karbitz hatten sie ihre ganze Aufstellung von heute Morgen behauptet —; aber er war blutig und theuer erkauft. Die einzige Genugthuung hatten sie, daß den Franzosen ihr Nicht-Erfolg wenn nicht empfindlicher, doch jedenfalls ebenso hoch zu stehen kam.

8.

„Morgen wird einer der schönsten Tage sein!" hatte Schwarzenberg auf der Wahlstatt des 29. vorausgesagt. Doch er enthielt sich mit hochherziger Selbstverleugnung, die sicheren Lorbeeren des kommenden Tages zu pflücken; er überließ die Ehre der Führung und eines im Beisein der Monarchen von Rußland und Preußen zu erkämpfenden Sieges jenem seiner Unterbefehlshaber, der sich in den letzten Tagen am schwersten wider ihn versündigt und der ohne Frage den größten Theil der Schuld des Mißerfolges vor Dresden auf sich geladen hatte.

[58] Danilewsky S. 156.

[59] „Je me permets d'ajouter: que le combat du 17/29 n'était que le terme de cette lutte perpétuelle que le second corps soutint contre les troupes du général Vandamme depuis le 14/26. Cependant, déjà abîmé par le nombre de ses pertes, ce corps a encore teint de son sang les environs du village de Pristen." Prinz Würtemberg an Kaiser Nicolaus I. am 10. Oct. 1833, s. dessen Memoiren III. S. 174 f.

Noch am Abend des 29. August trafen Fürst Schwarzenberg und Graf Radetzky die Anordnungen für die morgige Schlacht [40]). Der General en chef der russisch-preußischen Truppen, Barclay de Tolly, sollte die Oberleitung übernehmen; die österreichischen Divisionen Colloredo [41]) und Bianchi, sowie die Cavallerie-Brigade Sorbenburg wurden unter dessen Befehle gestellt; der heroische Entschluß des preußischen Generals Kleist, sich im Rücken Vandamme's über Nollendorf den Weg zur verbündeten Armee zu bahnen, wurde mit in den Schlachtplan einbezogen [42]). Der Feind müsse, so lautete im wesentlichen der von Radetzky's eigener Hand geschriebene, von Schwarzenberg unterzeichnete Befehl an General Barclay [43]), von Kulm bis Peterswalde zurückgedrängt werden, während die Colonne des General Kleist über das Gebirge her im Rücken des Feindes mitwirken und von den Höhen herab nachdrücklich handeln werde. Auch an Colloredo, an Bianchi u. a. wurden die Befehle von Radetzky's Hand geschrieben, von Fürst Schwarzenberg unterfertigt und gelangten noch spät Abends am 29. oder in der Nacht vom 29. auf den 30. an die Orte ihrer Bestimmung [44]).

Mit dem preußischen General Kleist und dessen Corps, auf dessen Erscheinen im Rücken der Franzosen ein so wichtiger Theil des Schlachtplanes gebaut war, hatte es folgendes Bewandtniß:

General Kleist, dem beim Rückzuge von Dresden der Marsch über Maxen vorgezeichnet worden, war am 28. bis Hausdorf gekommen, am 29. über Glashütte, wo er ein lebhaftes Nachhutgefecht mit dem Vortrab des Marschalls St. Cyr zu bestehen hatte, dann weiter über Dittersdorf und Börnchen nach Liebenau und Fürstenwalde marschirt und in letzteren beiden Orten bei einbrechender Nacht angelangt. Auf dem Wege dahin hatte ihn ein Adjutant des Königs von Preußen getroffen, der ihn zur Eile trieb, um den schwer bedrängten Russen bei Pristen Hilfe zu bringen; auch Ostermann hatte ihm unmittelbar vor seiner Verwundung eine Botschaft in gleichem Sinne zugeschickt. Das war aber bei der Entfernung Kleist's von der Wahlstatt und bei der starken Ermüdung seiner Truppen nicht ausführbar; zudem waren die von Fürstenwalde über Ebersdorf und den Geiersberg herabführenden Wege von Artillerie und Gepäck so verrammelt, daß vom Hinabführen einer geordneten Truppenabtheilung

---

[40]) „Feldmarschall Fürst Schwarzenberg hat eine Disposition zum Angriff für den folgenden Tag entworfen, deren Resultate zu erwarten sind." K. k. priv. Prager Oberpostamtszeitung Nr. 105 nach den „officiell eingelaufenen vorläufigen Nachrichten von der k. k. Hauptarmee in Böhmen". — Wir führen dieses gleichzeitige Zeugniß namentlich deßhalb an, weil neuestens Bernhardi in seinem Leben Toll's III. S. 226 ff. jedes selbständige Eingreifen Schwarzenberg's in dieser Hinsicht läugnet und ganz frischweg behauptet, der Feldmarschall „in seiner anspruchslosen und vorsichtigen Weise" habe sich begnügt, „dabei eine untergeordnete Rolle zu spielen"!!!

[41]) Wolzogen S. 203 stellt ganz unbegreiflicher Weise die Behauptung auf, Colloredo habe „mit Freuden" eingeschlagen, „den Angriff ohne Schwarzenberg's Befehl — denn diesen erst einzuholen, war keine Zeit mehr — auf seine Kappe nehmen zu wollen."

[42]) Danilewsky S. 153 ff. geht in der Parteilichkeit für seinen Kaiser so weit, daß er alle diese Verfügungen ausschließend und unmittelbar von Alexander ausgehen läßt. Alle späteren Schriftsteller haben sich entschieden gegen diese grundlose Behauptung ausgesprochen. Daß namentlich der Kaiser auf die Unternehmung Kleist's durchaus keinen Einfluß hatte, siehe Wolzogen S. 200 ¹).

[43]) Den Wortlaut siehe bei Thielen S. 118 f. — Der Befehl an Barclay ist übrigens noch von Altenberg aus datirt, welcher Umstand vollends alle Zweifel über das unmittelbare und selbständige Handeln des Feldmarschalls und seines Generalstabschefs beseitigt; Kaiser Alexander war um diese Zeit schon in Dur oder auf dem Wege dahin.

[44]) Den Befehl an Bianchi siehe bei Bianchi S. 352. — Angesichts dieser Documente und der weiter unten anzuführenden Detail-Dispositionen Barclay's kann man das große Ereigniß vom 30. August 1813 doch unmöglich eine „Schlacht des Zufalls" nennen.

auf denſelben keine Rede ſein konnte. König Friedrich Wilhelm, der inzwiſchen dieſen letzteren Umſtand erfahren hatte, ſandte daher nochmals zu Kleiſt und ließ ihm ſagen, daß er ſich über den Geiersberg nicht mehr zurückziehen könne, es ihm daher überlaſſen bleiben müſſe, einen anderen Weg einzuſchlagen und ſich ſelbſt beſtmöglichſt zu helfen **). In dieſer Lage, von dem nachrückenden Feinde gedrängt **) und von der unmittelbaren Verbindung mit Böhmen abgeſchnitten, beſchloß Kleiſt, von Fürſtenwalde über die Hochebene auf Nollendorf zu mar-ſchiren und ſich von hier im Rücken Vandamme's die Richtung nach Auſſig und die Vereini-gung mit der böhmiſchen Hauptarmee zu öffnen. Das Wagniß war um ſo größer, der Ent-ſchluß Kleiſt's um ſo kühner, als er darauf gefaßt ſein mußte, auf die feindlichen Heerſäulen, die von Peterswalde herab der bis Kulm vorangegangenen Tête, wie er ſicher meinte, nach-rücken würden, zu ſtoßen und ſich mit dem Degen in der Fauſt durchſchlagen zu müſſen. In dieſem Sinne berichtete er ſeinem Könige. Auch dem Feldmarſchall ließ Kleiſt pflichtſchuldige Meldung ſeines Vorhabens zukommen, das von jenem ſofort, wie wir geſehen haben, in den Plan der bevorſtehenden Schlacht einbezogen ward. Kleiſt ſelbſt hatte die Richtung im Grunde nur gewählt, um ſein Corps aus der Verlegenheit zu ziehen, worin es ſich im Gebirge befand **); im Hauptquartier der Verbündeten aber beeilte man ſich, Kleiſt's Unternehmung in zuſammen-greifende Verbindung mit der Aufgabe der übrigen Heerestheile zu ſetzen.

Das Corps des General Kleiſt beſtand aus den Infanterie-Brigaden der Generale Klüx, Pirch, v. Jagow und Prinz Auguſt von Preußen, dem braunen, dem zweiten und vier Schwadronen des 1. ſchleſiſchen Huſaren-Regimentes, einer Reſerve-Cavallerie-Brigade und Landwehr-Cavallerie, 3 reitenden und 8 Fuß-Batterien. Oberſt v. Blücher, Sohn des Ge-nerals, hatte mit den ſchleſiſchen Huſaren bei dem Marſche auf Nollendorf den Vortrab zu bilden; General v. Ziethen wurde zur Deckung des Marſches im Rücken beordert, mit 4 Bataillonen, 2 Huſaren-Regimentern und 1½ Batterien von Liebenau gerade auf Peters-walde zu marſchiren.

Die öſterreichiſchen Heerführer, die der Befehl Schwarzenberg's auf das Feld der Ehre rief, dankten dieſe Auszeichnung zumeiſt dem Umſtande, daß ſie ihre Corps unter den erſten, und zwar in einem vergleichsweiſe leidlichen Zuſtande durch die Schluchten des Erz-gebirges herabgebracht hatten und mit denſelben dem Kulmer Schauplatze zunächſt ſtanden; ſie verdienten aber auch dieſe Auszeichnung, da ſie zu den tapferſten und entſchloſſenſten Generalen der k. k. Armee zählten.

Hieronymus Graf Colloredo-Mannsfeld, geboren den 30. März 1775, von Jugend auf durch regen Geiſt und vorzügliche Körperkraft bemerkbar, war im 17. Lebens-jahre in den Soldatenſtand getreten, 1793 Capitän-Lieutenant, 1794 Hauptmann geworden

---

**) Wolzogen S. 200.

**) Augenblicklich war zwar Kleiſt's Corps in Fürſtenwalde ganz unbehelligt. „Niemand ſtörte uns hier, denn niemand ahnte uns hier und war uns hierher gefolgt; nur die unzähligen Schaaren von Raben und anderem Raubgeflü-gel wurden aus ihren hohen Fichten und Horſten aufgeſchreckt, und hoch über uns am Sternenzelt glänzte die ſilberne Sichel des Neumonds." Wanderungen eines alten Soldaten. Von Wilhelm Baron von Rahden u. ſ. w. Berlin, Duncker, 1846. I. S. 149. Allein Kleiſt konnte unmöglich annehmen, daß es ſo bleiben werde. — Warum übrigens Gouvion St. Cyr in ſeiner Verfolgung ſo läſſig war, das wolle man in deſſen Mémoires pour ſervir à l'hiſtoire mi-litaire etc. Paris, Anſelin, 1831. IV. p. 120—125 nachleſen.

**) Beiträge zur Kriegsgeſchichte der Feldzüge 1813 und 1814. Von einem Officier der alliirten Armee. Berlin, Wollſche Buchhandlung. 1815. S. 35, 37, 39.

und hatte sich zuerst in den Gefechten auf den Höhen von Tourcoing (17. und 18. Mai) hervorgethan, wo seine Grenadiere durch ausdauernde Tapferkeit die geschlagenen Truppen vor größerem Schaden bewahrten. Bei der Capitulation der Besatzung von Condé vertragswidrig unter dem Titel eines politischen Gefangenen festgehalten und als Geisel für die von Dumouriez verhafteten Volks-Commissäre nach Paris geschleppt, wußte er sich und seinem Leidensgenossen August Grafen Leiningen-Westerburg durch befreundete Hand Pässe zu verschaffen, die sie beide über die Gränze Frankreichs brachten. 1795 Februar finden wir Colloredo wieder bei der kaiserlichen Armee; allein eine im Jahre darauf bei der Clause von Bregenz (8. August 1796) empfangene schwere Verwundung entreißt ihn abermals seinem Berufe. Er wird hoffnungslos nach Innsbruck, von da zu Schiffe nach Wien gebracht. Seine Jugendkraft besiegt zwar die Lebensgefahr; allein seine Gesundheit trägt einen dauernden Leck davon. Kaum nothdürftig geheilt, eilt Colloredo wieder in den Kampf. 1798 hält er sich, inzwischen zum Oberstlieutenant befördert, auf der jähen Höhe des Steiges ober Winterthur und stürzt sich, nachdem er die erwünschte Unterstützung erhalten, auf die Franzosen herab, die er in die Flucht jagt und dadurch die Brücke über die Töß für die verfolgende österreichische Reiterei frei macht. 1800 zum zweiten Obersten, bald darauf zum Regiments-Commandanten ernannt, gibt er neue Beweise seiner entschlossenen Tapferkeit in dem Wald bei Guttenzell (5. Juni), dann bei dem Rückzug der österreichischen Armee nach dem großen Unglück von Hohenlinden. 1805 kämpft er in Italien und wirkt an der blutigen Schlacht bei Caldiero (30. und 31. October) mit, wo er den letzten Anfall von Massena's überlegener Macht auf unseren linken Flügel muthvoll ausharrend zurückschlägt; diese entscheidende Heldenthat verschafft dem dreißigjährigen Generalmajor Colloredo die höchste militärische Auszeichnung, das Maria-Theresienkreuz. 1809 trägt er bei Fontana Fredda (16. April) in hervorragender Weise zu dem Siege bei Sacile bei, behauptet 29. und 30. April die Stellung bei Soave standhaft gegen den immer neue Verstärkungen an sich ziehenden Feind, schlägt am 8. Mai bei dem Uebergange über die Piave die überlegene französische Reiterei blutig zurück, hält am 12. als Commandant der Nachhut Venzone 24 Stunden lang, obgleich selbst verwundet, gegen den Andrang der feindlichen Gesammtmacht und sichert dadurch der österreichischen Hauptarmee den ruhigen Uebergang über die karnischen Alpen. Die Beförderung zum Feldmarschall-Lieutenant und das Commandeurkreuz des Theresienordens sind der Lohn dieser glänzenden Heldenthaten. In der Unterbrechung von 1809 bis 1812 finden wir Colloredo als Divisionär in Böhmen eifrigst mit der militärischen Einschulung und Ausbildung seiner Truppen beschäftigt. Er führt den Fechtunterricht ein; er errichtet eine Militär-Schwimmschule in Prag; er muntert durch Prämien zum Scheibenschießen auf. Er bereitet so unter unmittelbarem persönlichen Einflusse und mit eigenen pecuniären Opfern seine Truppen für kommende Kämpfe vor, in denen sie ihm, der sich ihr Wohl auf das beste angelegen sein läßt und theilnehmend und herablassend mit dem gemeinen Mann verkehrt, freudig und muthig folgen werden, wohin er sie führt. Im August 1813 soll ihnen Gelegenheit dazu werden. Am ersten Schlachttage vor Dresden erstürmen sie trotz der tapfersten Gegenwehr die Schanze am Dippoldiswalder Schlage; ihrem furchtlosen Führer werden drei Pferde unter dem Leibe erschossen; auf zweihundert Schritte von der sieben Schuh hohen, mit zahlreichen Schießscharten versehenen Mauer des Moszinski'schen Gartens läßt er eine Batterie auffahren, das tambourirte Thor einschießen und bereitet den

Sturm wider das letzte Bollwerk des Feindes auf dieser Seite der Stadt vor, als ihn der Oberbefehl in seine frühere Stellung zurück beordert. Auf dem Rückmarsche von Dresden führt Colloredo seine Braven über Zinnwald in das Teplitzer Thal herab. Ihre Reihen sind durch den mörderischen Kampf vor Dresden und durch den gefährlichen Gebirgsmarsch stark gelichtet, aber ihr Muth ist ungebrochen und nach kurzer Rast vom 29. auf den 30. sehen wir sie auf einen Schauplatz eilen, auf dem sie gleich tapfer, aber nicht so erfolglos wie in den Tagen zuvor kämpfen werden [68]).

Colloredo's Division bestand aus drei Infanterie-Brigaden. Zur ersten gehörten die böhmischen Regimenter Erbach (Nr. 42) und Argenteau (Nr. 35), befehligt von dem Obersten des Regimentes Erbach und Qua-Brigadier Franz Maria Abele von Lilienberg [69]). Die zweite Brigade, an deren Spitze Generalmajor Graf Franz Chiesa stand, umfaßte die Regimenter de Vaux (böhmisch Nr. 25) und Froon (mährisch Nr. 54); die dritte, welche Oberst Kolbe führte, die galizischen Regimenter de Ligne (Nr. 30) und Czartoryski (Nr. 9).

Friedrich Freiherr von Bianchi, geboren 1. Februar 1768, Zögling der k. k. Ingenieur-Akademie, that sich zuerst im türkischen Kriege 1788 bei den Stürmen auf Novi hervor, in Folge dessen er zum Oberlieutenant befördert wurde, machte 1789 den Sturm auf Berbir mit und zeichnete sich 1790 bei der Belagerung von Czettin so aus, daß er in dem amtlichen Berichte als einer „der wackersten Officiere" bezeichnet wurde [70]). Während der Feldzüge in den Niederlanden und am Rhein 1792—1795 wurde Bianchi's Name wiederholt lobend genannt. Bei der Belagerung von Maubeuge wurde er zuerst mit dem tapfern Oberstlieutenant Fürsten Carl Schwarzenberg bekannt, der sich eben dazumal durch eine kühne Reiterthat bemerkbar gemacht hatte [71]). In den italienischen Feldzügen 1796 und 1797 gingen einzelne Züge von Tapferkeit, wodurch sich Männer wie Bianchi wiederholt hervorthaten, in den großen allgemeinen Mißerfolgen verloren, die nur zu häufig durch Mangel an Thatkraft und Entschlossenheit auf Seiten der österreichischen Generale herbeigeführt wurden; Bianchi's Gemüth zürnte in edler Entrüstung „beim Untergange einer tapfern und opferwilligen Armee Jenen, die vor ganz Europa die Verantwortung auf sich luden" [72]). Im Kampf bei Rivoli wurde er gefangen; seines Mantels, seiner Stiefel, seiner paar sauer ersparten Ducaten beraubt, wurde er mit einem Zuge von mehr als 200 kaiserlichen Officieren nach Verona geschafft; mit Mühe schleppte er sich fort und kaum die an Einigen seiner Leidensgefährten in der That verwirklichte Drohung, jeden Zurückbleibenden auf der Stelle zu erschießen, war im Stande, ihn seine letzten Kräfte sammeln zu lassen. Von Verona nach Mailand gebracht, wurde er nach zwei Wochen wieder ausgelöst und kehrte über Tirol in seine Heimat zurück. 1799 Major, 1800 Oberstlieutenant, wendete er, dem jugendlichen Erzherzog Ferdinand Este zugewiesen, durch rasche Entschlossenheit in der Schlacht bei Möskirch (5. Mai) großes Unglück von dem Heere Kray's ab und avancirte in Folge dessen (1. Juni) zum Obersten. Im Jahre 1805 finden wir ihn,

[68]) Retrolog u. s. w. in der Oest. mil. Zft. 1823. VI. S. 306 ff. — Das Hieronymus Graf Colloredo-Mannsfeld'sche Monument u. s. w. von A. C. Eichler u. s. w. Teplitz 1825. Gerzabek. — Hieronymus Graf Colloredo u. s. w. Von C. W. S. (Schießler?) Prag 1827. Enders.

[69]) Hirtenfeld Mil. Conv. Lex. I. S. 3.

[70]) Bianchi S. 42.

[71]) Ebenda S. 56.

[72]) Ebenda S. 110 f.

abermals in der Umgebung des Erzherzogs Ferdinand, bei der dem Unglück geweihten Armee Mack's in Ulm; die Rettung des kaiserlichen Prinzen, der sich mit dem Fürsten Carl Schwarzenberg an der Spitze von zehn Schwadronen durchschlug und unter Bestehung von tausend Gefahren glücklich den Weg nach Eger bahnte, war im Grunde Bianchi's Werk [72]). Im November desselben Jahres bestritt Bianchi mit einer leichten Brigade den Vorpostendienst um Olmütz und ertheilte dem Obersten Flahaut, der nach der Schlacht von Austerlitz die Festung zur Uebergabe aufforderte, die kurze Antwort: „Le général Baron Froehlich mériterait d'être pendu, s'il rendait une place qui a 200 pièces de canon sur ses remparts" [74]). 1807 wurde er Generalmajor. 1809 bestand er als Commandant des fünften Armeecorps bei Siegenburg, bei Kirchdorf, bei Landshut, bei Neumarkt (19. bis 24. April) rühmliche Gefechte, die aber die Verluste an andern Puncten der ausgedehnten Schlachtlinie nicht aufwiegen konnten. Am ersten Schlachttage von Aspern (21. Mai) fand Bianchi keine Gelegenheit sich auszuzeichnen; desto mehr am zweiten, wo er vom Erzherzog Carl unmittelbar das Commando in Aspern erhielt und durch Umgehung des linken Flügels der Franzosen das Schicksal des Tages entschied. „General Bianchi", hieß es im officiellen Berichte, „riß durch sein Beispiel seine Truppen mit sich fort." Der Kampf war mörderisch, so daß F. M. L. Vincent, der im zweiten Treffen rückwärts von Aspern stand, mehrmal laut ausrief: „Wenn Bianchi heute nicht todtgeschossen wird, so wird er es niemals" [75]). Auf diese glänzende Waffenthat folgte die nicht minder ausgezeichnete Vertheidigung des Brückenkopfes von Preßburg (4. und 5. Juli), wo Bianchi zum erstenmale ganz selbständig auftrat. Der Armeebefehl vom 14. Juni verkündete die Verleihung des Theresienkreuzes an General Bianchi, der im August darauf zum Feldmarschall-Lieutenant vorrückte. Wir können uns nicht länger bei seinem ruhmvollen Antheil an dem Feldzuge in Rußland 1812 aufhalten, wo seine Regimenter das Gros des Armeecorps des Fürsten Schwarzenberg bildeten, und erwähnen nur mit kurzen Worten, daß Bianchi's Division am ersten Schlachttage von Dresden, wo ihr die Erstürmung der Schanzen am Plauen'schen Schlage zur Aufgabe gestellt war, Wunder von Tapferkeit wirkte, wenn sie gleich ihr Ziel, weil Napoleon gerade auf diesen Punct eine Uebermacht von Kerntruppen geworfen hatte, nicht erreichen konnte; von den 11.000 Mann der Division Bianchi waren binnen vier Stunden 2739 auf dem Schlachtfelde geblieben. Von Bianchi's beschwerlichem Rückzuge über das Gebirge haben wir schon berichtet.

Die Division Bianchi bestand durchaus aus ungarischen Regimentern. Bianchi's erste Anstellung als Regiments-Commandant im J. 1801 war bei dem ungarischen Regimente Vukassovich (Nr. 48) und er gab sich der Erlernung der Muttersprache seiner Soldaten — „ohne sich dem Manne verständlich machen zu können, dient man nur halb", pflegte er zu sagen — mit solchem Eifer hin, daß er, Italiener von Abstammung und Wiener von Geburt, das Magyarische bis an sein Lebensende mit Vorliebe pflegte [76]). An den Schlachttagen von Dresden und Kulm standen unter Bianchi's Befehl drei Brigaden: Quallenberg mit den Regimentern Davidovich (Nr. 34) und Esterhazy (Nr. 32), Mariassy mit Hessen-

---

[72]) Bianchi S. 214—218.
[74]) Ebenda S. 223.
[75]) Ebenda S. 244—247.
[76]) Ebenda S. 175.

Homburg (Nr. 19) und Simbschen (Nr. 48), Philipp zu Hessen-Homburg mit Hiller (Nr. 2) und Colloredo-Mannsfeld (Nr. 33). Diese letztere Brigade erhielt am 30. August, wie wir gleich sehen werden, eine von den andern abgesonderte Bestimmung und wir müssen uns daher mit ihrem tapferen Führer näher bekannt machen.

Prinz Philipp zu Hessen-Homburg, geboren den 11. März 1779, hatte bereits mit fünfzehn Jahren als holländischer Capitän in der Schlacht bei Tournay (22. Mai 1794) mitgefochten und war darauf bei Uebergabe der Festung Sluys gefangen, nach Paris geschleppt und im Palais Luxemburg in Haft gesetzt worden, wo ihn die Damen der Halle durch lebendiges Geberdenspiel die Empfindung des Kopfabhackens voraus genießen lassen wollten. Gegen andere Gefangene ausgetauscht, folgte er schon 1795 als Volontär den österreichischen Fahnen und trat 1797 als Hauptmann förmlich in kaiserliche Dienste. Im Juni 1799 focht er in der Schweiz; im September nahm er an der heldenmüthigen Erstürmung der Schanzen von Mannheim Theil, 1800 kämpfte er, bereits Major, am 3. Mai bei Engen, ward am 5. bei Möskirch verwundet und drang am 3. December unter des Fürsten Schwarzenberg Führung siegreich bis gegen Hohenlinden vor, während das Centrum und der linke Flügel geschlagen wurden und der Befehl zum Rückzug gegeben werden mußte. In das Jahr 1803, wo der junge Major mit seinem Regimente (de Ligne Nr. 30 galizisch) in Lemberg stand, fällt ein Ereigniß, dessen erschütternde Erinnerung dem edlen Gemüthe des Prinzen eine nie verharschende Wunde schlug. Ein Gemeiner des Regiments, Hesse von Geburt, war wegen dreimaligen Ausreißens kriegsrechtlich zum Tode verurtheilt. Durch andringendes Bitten erwirkt der Prinz die Begnadigung des Verbrechers, die ihm jedoch, so lautet der gemessene Befehl des Regiments-Commandanten, erst im entscheidenden Momente verkündet werden darf. Der Delinquent wird hinausgeführt, der Priester hat sein Werk gethan, die Reihen öffnen sich, die Kameraden schlagen an, „Pardon" ruft der Major, doch jene, aufgeregt und auf so etwas nicht gefaßt, hören nur den Schall, nicht den Sinn der Worte, drücken los und verscheidend sinkt der Unglückliche zu Boden, aber mit ihm zugleich stürzt besinnungslos der Prinz vom Pferde, den eine heftige Nervenkrankheit wochenlang an das Krankenbett fesselt [77]. 1805 rückt Prinz Philipp zum Oberstlieutenant, bald darauf zum Obersten vor, zeichnet sich in der Schlacht bei Caldiero, 1809 als Qua-Brigadier im Treffen von Landshut (16. April) und in den darauf folgenden Gefechten (19. — 23. April) aus, schlägt in der ewig denkwürdigen Schlacht bei Aspern einen fünfmaligen Angriff von Napoleon's gepanzerten Reitern zurück und erstürmt mit dem Regimente Hiller (Nr. 2 ungarisch), dessen erste Bataillons-Fahne er ergreift, das in Flammen stehende Eßlingen. Die Ernennung zum Generalmajor auf dem Schlachtfelde, der Schmuck des Theresienkreuzes und eine Inschrift in ungarischer Sprache auf dem Fahnenreife des 1. Bataillons vom Regimente Hiller waren der Lohn dieser entschlossenen That [78]. Auch die folgenden Ereignisse legen Zeugenschaft von dem Heldenmuth des Prinzen ab, vor allem der traurige Tag von Wagram, wo ihn eine Kartätschenkugel in den Schenkel trifft, die er sich aber, bei seiner tapfern Brigade ausharrend, erst nach Beendigung der Schlacht ausschneiden läßt [79].

[77] Denkwürdigkeiten aus dem Leben des F. M. Landgrafen Phillipp zu Hessen-Homburg u. s. w. von Wilhelm Gebler, Major u. s. w. Wien, Carl Gerold, 1848. S. 15 ff.

[78] Gebler S. 24—29.

[79] Ebenda S. 36.

In den Jahren 1812 und 1813 stand Prinz Philipp von Hessen unter dem Befehle Bianchi's und nahm an dem russischen Feldzuge des österreichischen Armeecorps und an der Schlacht bei Dresden ruhmvollen Antheil. Vor Dresden erhielt er eine bedeutende Contusion, die ihn aber nicht abhielt, an der Spitze seiner Brigade zu bleiben, mit welcher er sich an den Ereignissen des 30. August zum erstenmale als selbständig handelnder Befehlshaber betheiligen sollte.

Zu den österreichischen Truppen, die auf den Kampfplatz von Kulm beordert wurden, gehörte auch die Reiter-Brigade des Generalmajors Grafen Sorbenburg.

Prinz Ferdinand von Sachsen-Coburg, geboren den 28. Mai 1785, Neffe des berühmten Feldmarschalls Friedrich Josias, der schon 1791 dem sechsjährigen Knaben eine Unterlieutenantsstelle in seinem Regimente verlieh, war 1802, bereits Rittmeister, in den wirklichen Dienst getreten und hatte sich zuerst 1809 als Oberst des Husaren-Regimentes Ferdinand d'Este (Nr. 3) am Tage der Schlacht bei Eckmühl (22. April) bemerkbar gemacht, als er bei Lukepoint durch einen glänzenden Angriff das in der Flanke von feindlicher Uebermacht bedrohte 3. Armeecorps aus einer höchst gefährlichen Lage brachte und nochmals, während jenes den beschwerlichen Marsch über den morastigen Bach rechts von Keffering zu vollenden hatte, mit den stark gelichteten Schaaren seiner ermatteten Reiter sich dem nachdrückenden Feind wiederholt so kräftig entgegenwarf, daß dieser endlich von der Verfolgung abließ. Nachdem er auch am Unglückstage von Wagram mit Auszeichnung gestritten hatte, trat der Prinz, mit dem Theresienkreuze geschmückt, im April 1811 mit Generalmajors-Charakter aus dem Dienst des kaiserlichen Heeres. Allein die kriegerische Begeisterung des Jahres 1813 ließ ihn nicht in Ruhe bleiben. Hinderten ihn auch Rücksichten auf die Verhältnisse seines Hauses mit offenem Visir unter die österreichischen Fahnen zurückzukehren, so ließ er sich doch nicht abhalten, dieß unter dem angenommenen Namen eines Grafen von Sorbenburg [80]) zu thun, in welcher Eigenschaft die beiden Cavallerie-Regimenter Kaiser-Küraffiere (böhmisch Nr. 1) und Erzherzog Johann-Dragoner (gal. Nr. 1) unter seine Befehle gestellt wurden [81]). Von ersterem war am 30. August nur die Obristen-Division für den Kulmer Schauplatz verfügbar, da der übrige Theil des Regimentes eine anderweitige Bestimmung hatte. Den Commandanten der Johann-Dragoner haben wir bereits dem Namen nach kennen gelernt und wollen nur einiges von seiner bisherigen Laufbahn beifügen. Jacob von Sück, Pfälzer von Geburt, 1793 in österreichische Dienste getreten, hatte 1799 als Rittmeister bei Leimen (16. Mai) und bei Bittigheim (3. November) kühne Reiterthaten ausgeführt, sein größtes Heldenstück aber 1805 am Tage von Ulm (11. October) vollbracht, da er in wiederholten kühnen Angriffen die von der überlegenen Macht Ney's dreimal genommene wichtige Stellung bei Heffingen dreimal wieder zurückgewann, dadurch die zum Weichen gebrachten Infanterie-Regimenter Rieße und Reuß-Plauen sich wieder sammeln ließ und zuletzt den Feind mit Abnahme vieler Gefangenen und einiger Geschütze zum vollständigen Rückzuge zwang. Einstimmig erkannte das Capitel dem entschlossenen Sück das Ritterkreuz des Theresienordens zu, der sich später als Major und Oberstlieutenant bei Ebelsberg, bei Neumarkt, bei Aspern neue Lorbeern errang [82]).

[80]) So schreibt die officielle „Relation"; fast in allen anderen Schriften liest man Sorbenberg.
[81]) Hirtenfeld Maria-Theresien-Orden. II. S. 1127 f.
[82]) Ebenda S. 773 f.

Das waren die Truppen, das waren die Führer, fünf Theresienritter, die Fürst Schwarzenberg für den Entscheidungskampf am 30. August zur Verfügung stellte. Eine Bemerkung drängt sich, wenn man die österreichischen Generale in diesen Tagen in's Auge faßt und an jene in den ersten Jahren der französischen Kriege zurückdenkt, unwillkürlich auf. Die beinahe fünf und zwanzigjährige Kriegszeit hatte unter den Officieren der kaiserlichen Armee gewaltig aufgeräumt. Wo man damals nur silberhaarige Greise an der Spitze der Heere und Heerestheile erblickte, da sah man jetzt fast durchaus Führer in der vollen Kraft des Mannesalters oder jugendliche Helden. In den ersten Feldzügen gegen die übermüthige Republik finden wir auf österreichischer Seite den 61jährigen Alvinczy, den 63jährigen Clerfayt, den 70jährigen Melas, den 72jährigen Wurmser, den 74jährigen Beaulieu. Im Jahre 1813 dagegen war der Chef des Generalstabes der Verbündeten ein hochgereifter Mann unter seinen jüngeren Kameraden und doch zählte Radetzky kaum 47 Jahre; der Generalissimus aller verbündeten Heere stand erst im 42sten; Bianchi war 45 Jahre alt, Colloredo 38, Philipp von Hessen 34, Garf Sorbenburg gar nur 28.

9.

Der 30. August brach an, die Sonne sandte aus wolkenlosem Himmel ihre ersten Strahlen in den Thalkessel von Kulm, und alsbald regte es sich in den beiden Lagern zur Wiederaufnahme des Kampfes, der am gestrigen Tage so verhängnißvoll abgebrochen, aber nicht geendet worden war. Ein heller klarer Morgen lag über Wald und Flur, einen schönen aber heißen Tag verkündend, und so Mancher, der den Abend zuvor seine müden Glieder mit bangen Ahnungen zur Ruhe gebracht hatte, hob nun mit frischem Muth den kühnen hoffnungsvollen Blick, als er sich gürtete und rüstete zum blutigen Feste der Schlacht.

Denn man stand nicht mehr allein; auf beiden Seiten waren über Nacht Verstärkungen hinzugestoßen oder befanden sich im Anmarsche oder wurden im Laufe des Tages erwartet.

Vandamme hatte am Morgen des 30. August sein Corps vollständig — wenn gleich, nach den vorausgegangenen empfindlichen Verlusten, nicht mehr vollzählig — beisammen. Die Brigaden Doucet und Creutzer waren im vorgerückten Nachmittag des 29., etwas später die Reiterei und Artillerie der 42. Division, zuletzt neun Uhr Abends die Brigade Quiot bei Kulm eingetroffen. Außer einem Munitionstransport, der sich in den frühen Morgenstunden des 30. von Peterswalde gegen Nollendorf herabbewegte, war von Vandamme's Corps nichts mehr jenseits des Kulm-Teplitzer Thalkessels. Allein er konnte erwarten, daß in seinem Rücken Mortier oder St. Cyr, in der Verfolgung des geschlagenen Feindes begriffen, im Anmarsche seien und daß es daher für ihn nur darauf ankomme, seine Stellung ein paar Stunden lang, sei es auch gegen große Uebermacht, um jeden Preis zu behaupten, bis man mit verstärkten Kräften auf die Verbündeten werde losgehen können. Ja, Vandamme rechnete sogar darauf — und nach dem, was vom Erscheinen Napoleon's in Pirna bekannt geworden war, nicht ohne Grund —, daß der Kaiser selbst mit seiner Hauptmacht im Anzuge sei; er machte dieß seinen Truppen bekannt und ließ sie, wie es bei den Franzosen dazumal üblich war, zum Empfange des Kaisers und zur Schlacht in voller Parade auf ihre Plätze ausrücken[82]).

Auch das tapfere, aber so überaus gelichtete Heer der Russen in seiner Stellung von der Eggenmühle bis gegen Karbiß hatte seit gestern Zuwachs erhalten. General Rajefski mit der ersten Grenadier-Division war noch kurz vor Schluß des Gefechtes auf dem Schauplatz erschienen; General Püschnißki mit den Regimentern Wolhynien und Krementschuk und die Brigade des Obersten Wolff hatten sich nach langen Irrfahrten im Gebirge bei dem Armeecorps des Prinzen von Würtemberg wieder eingefunden; General Udom mit der zweiten Garde-Division war hinter Pristen aufmarschirt. Doch bedeutendere bundesgenossische Hilfe war von frühem Morgen in Anmarsch. Das österreichische Dragoner-Regiment Erzherzog Johann hatte, wie wir wissen, bereits am Tage zuvor in der russischen Schlachtlinie gestanden; auch die Obristen-Division von Kaiser-Küraffieren war zu dem Heere von Pristen gestoßen. Jeßt aber, es war gegen sechs Uhr Morgens, verkündete aufwirbelnder Staub und ferner Trommelschlag das Herannahen großer befreundeter Massen — der österreichischen Divisionen Colloredo und Bianchi, die um drei Uhr nach Mitternacht aus ihrer Beiwacht auf der Straße zwischen Dux und Teplitz aufgebrochen waren und nun bei Sobochleben eintrafen. Und ungesehen und unhörbar zog oben im Gebirge seit fünf Uhr Morgens General Kleist mit seinen Preußen, den Dritten im Bunde, von Fürstenwalde über Rudolphsdorf und Streckenwald gegen die Nollendorfer Straße zu, von wo er im Rücken der Franzosen in das Thal herabsteigen sollte.

Die Verfügungen im Einzelnen für die bevorstehende Schlacht zu treffen hatte der Feldmarschall dem General Barclay de Tolly überlassen, der sich den Generalmajor Diebitsch als Chef seines Generalstabes beigesellt hatte[84]). Das Geplänkel von beiden Seiten hatte bereits begonnen, als Barclay „auf dem Schlachtfelde von Kulm am 30. August 1813 des Morgens acht Uhr" seine lezten Anordnungen zu Papier bringen ließ[85]).

Den Mittelpunct seiner Stellung bildete, wie im gestrigen Kampfe, Pristen; hier stand der Prinz von Würtemberg mit den Resten seines Corps vom vorigen Tage; dahinter General Udom, dann russische leichte Reiterei und die österreichische Obristen-Division von Kaiser-Küraffieren; das Ganze unter Miloradowitsch's Befehl. Rechts davon ungefähr in der Stellung des gestrigen Tages hielten zwei russische Küraffier-Divisionen unter dem Großfürsten Constantin den Wiesengrund von Pristen bis Karbiß besetzt.

Seinen linken Flügel, den gleichfalls Russen mit der österreichischen Brigade des Prinzen Philipp von Hessen im zweiten Treffen bildeten, befehligt von Fürst Galißin V.,

---

[82]) Plotho II. S. 188.

[84]) Wolzogen S. 199, 203. — Was Danilewsky S. 158 erzählt, daß Barclay „aus Höflichkeit lange mit dem Fürsten Schwarzenberg darüber stritt, wer von ihnen die Disposition zur Schlacht zu unterschreiben habe", ist ohne nähere Erklärung der Situation ganz unverständlich. Die allgemeine Disposition hatte Schwarzenberg zu unterzeichnen und diese war auch von ihm unterzeichnet; die Detail-Anordnungen dagegen waren Sache desjenigen, dem der Oberfeldherr die Ausführung übertragen hatte, und diese waren daher ebenso unzweifelhaft einzig von Barclay auszufertigen.

[85]) Den Text siehe bei Plotho II. S. 77, Aster S. 178 f. u. a. — Jedenfalls kann dieß nur die Schluß-Redaction gewesen sein; vielleicht für das Hauptquartier oder einen und den andern seiner Unterfeldherren bestimmt. Denn um acht Uhr Morgens hatten nicht nur alle Truppen schon die ihnen angewiesene Stellung inne, sondern sicher auch die meisten Führer ihre detaillirten Weisungen in Händen; Bianchi erhielt die seinige, mit der obigen im Inhalt durchaus, im Wort fast gleichlautend, bloß mit Bleistift geschrieben und von Barclay unterzeichnet, schon auf dem Marsche über Teplitz. also vor sechs Uhr Morgens Bianchi S. 352 f.

stellte Barclay zwischen der Juchten-Kapelle und den Dörfern Marschen und Hohenstein auf; starke Abtheilungen hielten die Höhen herwärts der Eggenmühle besetzt, auf die, wie man mit Sicherheit rechnen konnte, auch am heutigen Tage der Hauptangriff der Franzosen gerichtet sein werde.

Den rechten Flügel bildeten die Oesterreicher unter Colloredo, dem auch die Reiterei des Prinzen Leopold von Sachsen-Coburg — Knorring mit seinen tatarischen Uhlanen, Kaiserin-Küraffiere und ein Kosakenregiment sammt vier Geschützen reitender Artillerie [86]) — zugewiesen war. Diese letztere nahm zwischen Karbitz und Böhmisch-Neudorf Stellung; die Division Colloredo und als Reserve die Division Bianchi brachen fast unbemerkt vom Feinde von Sobochleben auf und nahmen vorerst auf der Bihane hinter Karbitz Stellung; Graf Sorbenburg mit Johann-Dragonern marschirte gleichfalls auf dieser Seite auf.

Während die Truppen des Fürsten Galitzin die Stellung bei der Juchten-Kapelle und der Eggenmühle auf das äußerste vertheidigen sollten, Miloradowitsch dagegen sich einfach abwehrend zu verhalten hatte, bis man Kleist's Corps von den Nollendorfer Höhen herabsteigen sehen würde, fiel dem rechten Flügel unter Colloredo die entscheidende Aufgabe des Tages zu: **den linken Flügel der Franzosen zu umgehen und durch rasche Vorrückung gegen Auschine und Arbesau Vandamme den Rückzug auf der Nollendorfer Straße abzuschneiden.**

Die Anordnungen waren trefflich abgefaßt und wurden, wie wir sehen werden, im Ganzen genau eingehalten. Nur in dem einen Punct war ein Versehen unterlaufen, daß in den Instructionen an die Unterbefehlshaber das Erscheinen Kleist's nicht ausdrücklich erwähnt wurde [87]), daher wenigstens einige derselben darüber völlig im unklaren gewesen zu sein scheinen. Das würde es auch erklären, warum in der entscheidenden Stunde von dem tapfern rechten Flügel der Verbündeten nicht überall mit jener Raschheit eingegriffen wurde, die dessen vorhergegangene Unternehmungen so vortheilhaft auszeichnete. Ja es wird von einer Seite ausdrücklich behauptet, man habe auf diesem Flügel die auf dem Kampfplatze bei Tellnitz erscheinenden Preußen für ein zur Unterstützung Vandamme's heranrückendes französisches Corps gehalten und diesem unerwarteten Ereigniß gegenüber, das natürlich der ganzen Sache einen anderen Verlauf gegeben haben würde, Halt gemacht, bis man erst nach längerem Zweifel sich von der wahren Sachlage überzeugen konnte [88]).

[86]) Die meisten Schriftsteller stellen auch Erzherzog Johann-Dragoner unter die Befehle des Prinzen von Coburg auf dem rechten Flügel, während sie den Grafen von Sorbenburg nur „mit einem Theile des Regiments Kaiser-Küraffiere" hinter das Centrum postiren. Das kann aber, wenn man die Thaten dieses tapferen Regimentes, an dessen Spitze wir den Grafen die ganze Zeit hindurch auf dem Schlachtfelde erblicken, verfolgt, nur auf einem Mißverständnisse beruhen.

[87]) In der That findet sich in den von uns Anm. 85 angeführten Instructionen Barclay's nicht die leiseste Erwähnung von dem Eintreffen Kleist's, worauf doch Fürst Schwarzenberg ausdrücklich aufmerksam gemacht, s. oben Anm. 63, und Barclay die weiteren diesfälligen Verfügungen zu treffen befohlen hatte.

[88]) S. den von Danilewsky S. 160 erzählten Zwischenfall; der betreffende General könnte nur Colloredo oder Chiesa gewesen sein. Wir sind nicht geneigt, einem so unzuverlässlichen Schriftsteller wie Danilewsky etwas buchstäblich zu glauben, erblicken aber, selbst wenn wir dieß thäten, in dem Verhalten des österreichischen Generals keineswegs, wie After S. 209 f, die Sache auffaßt, einen Zug von Furchtsamkeit, sondern nur von einer in solcher Lage gebotenen Vorsicht. Auffallend dagegen ist die Behauptung Wolzogen's S. 201, daß selbst Kaiser Alexander von der in den Schlachtplan einbezogenen Mitwirkung Kleist's nichts gewußt und bei den ersten Kanonenschüssen im Rücken der Franzosen, welche „Wahrnehmung" ihm „wie ein Räthsel" erschienen sei, einige Adjutanten abgesandt habe, „genauere Nachrichten hierüber einzuholen." Obgleich der genannte Memoirist versichert, selbst einer dieser Adjutanten gewesen zu sein, erscheint uns die Erzählung doch so unbegreiflich, daß wir sie uns nur durch einen Erinnerungsfehler Wolzogen's erklären können; denn mit Alexander hat sich ja auch Friedrich Wilhelm auf dem Schloßberge befunden, der doch jedenfalls den genauen Sachverhalt kannte.

Wenn man Vandamme's Anordnungen für den 30. August beurtheilen will, so darf man nicht übersehen, daß er sicher darauf rechnete, von den befreundeten nahen Abtheilungen des Heeres, das vor wenig Tagen einen glänzenden Sieg erfochten hatte, nicht im Stiche gelassen zu werden. Die Bedenklichkeiten eines seiner Generale, der ihn auf die Stärke der von allen Seiten heranrückenden Truppen der Verbündeten aufmerksam machte, beschwichtigte er mit ausdrücklicher Hinweisung auf diesen Umstand [**]) und selbst den Rath seines Generalstabschefs Haxo, sein Heer unter allen Verhältnissen im Staffel bis Nollendorf aufwärts zu stellen, wies er voll stolzer Zuversicht zurück: „Mir ist noch nie ein Unfall begegnet!" [***]) Jene Voraussetzung zugestanden, muß man erklären, daß Vandamme's Aufstellung am 30. August vortheilhaft gewählt war und bloß von einer Seite eine Blöße bot.

Sein Mitteltreffen stand in Kulm, das zwei Bataillone der Brigade Creutzer besetzt hielten und auf den Höhen vor dem Orte, im ersten Treffen die Brigade Quiot, im zweiten die Brigade Reuß; hinter Kulm zwischen dem Horkaberge und den Gränzgebirgen befand sich die Brigade Doucet.

Der rechte Flügel, die Division Philippon in zwei Treffen, dehnte sich von der Kulmer Straße bis gegen das Gebirge aus; unmittelbar vor ihr, rechts von der Straße bis gegen Straden, stand die Hauptmasse der französischen Artillerie, dem russischen Centrum gegenüber; vorwärts von Straden und rechts von diesem Orte bis in die waldigen Ausläufer des Gebirges hinein stand die Division Mouton-Duvernet. Die Bezwingung der schon in den Kämpfen des Tages zuvor zu einer so traurigen Berühmtheit gelangten Eggenmühle, mit andern Worten die Abdrängung der Russen vom Gebirge und damit die Umgehung des linken Flügels der Verbündeten, war die Aufgabe, die Vandamme seinem rechten Flügel stellte, der denn auch sogleich angriffsweise vorzugehen hatte.

Am schwächsten versorgt war der linke Flügel der Franzosen, den die Reiter-Division Corbineau und hinter ihr die Reiter-Brigade Gobrecht, beide zunächst der Kulmer Straße, dann weiter die Brigade Dunesme über die Wapplingsberge hin bis an die Abhänge der Höhe von Strisowitz bildeten. Daß Vandamme diese letztere Höhe nicht ganz besetzt und ausreichend gesichert hatte, war sein folgenschwerer Fehler.

Beide Feldherren hatten es also auf eine Umgehung des jenseitigen linken Flügels abgesehen und gingen mit ihrem rechten angriffsweise vor; welchem von ihnen das Unternehmen glückte, das er beabsichtigte, der hatte den Tag gewonnen.

Gelang es Vandamme, so stand ihm der Weg nach Prag offen. Die Verbündeten hatten, was ihnen von kampffähigen Truppen zu Gebote stand, auf das Kulmer Schlachtfeld gesandt; waren sie da geschlagen, so konnte die geringe Abtheilung des Feldmarschall-Lieutenants Lederer, die Fürst Schwarzenberg vorsichtig bei Lobositz aufgestellt hatte [*]), den Siegeslauf Vandamme's kaum aufhalten, und ohne Zweifel würde Napoleon nicht

[**]) Danilewsky S. 166.
[***]) Erinnerungen an die denkwürdigen Ereignisse in der Gegend von Teplitz und Kulm u. s. w. von Raimund Klaus. Teplitz, 1838, Medau. S. 28. Der Verfasser, von dem übrigens noch mehrere Schriftchen ähnlichen Inhaltes herrühren, mag für dieses Wort Vandamme's, das wir sonst nirgends aufgezeichnet finden, nur die örtliche Ueberlieferung anzuführen haben; uns erscheint aber dasselbe nicht bloß der Situation vollkommen entsprechend, sondern auch dem Charakter Vandamme's, der in seinem von uns S. 21 angeführten Tagesbefehle ähnlich sich brüstete: „Glücklich in allen meinen Unternehmungen" u. s. w.
[*]) Thirlen S. 119.

länger gesäumt haben, den glücklichen Handstreich seines Unterfeldherrn nachdrücklich auszubeuten.

Gelang dagegen der Plan der Verbündeten, hielten die Russen bei Priesten und am Gebirge festen Stand, glückte den Oesterreichern unter Colloredo die Unternehmung gegen Auschine und Arbesau, und traf Kleist mit seinen Preußen zur rechten Zeit bei Tellnitz ein, dann war Vandamme mit seinem ganzen Corps wie in einem Netze gefangen und nur Trümmer davon konnten im günstigsten Falle durch Wälder und Schluchten entkommen.

Die Nacht vom 29. auf den 30. August hatten Kaiser Alexander und Fürst Schwarzenberg in Dux, der König von Preußen in Teplitz zugebracht. Am Morgen des 30. verfügten sich die beiden Monarchen auf den Schloßberg bei Teplitz, von wo sie, wenn gleich in angemessener Entfernung, das ganze Schlachtfeld bis gegen die ansteigende Nollendorfer Höhe zu überschauen vermochten. Fürst Schwarzenberg aber, der edelmüthig und versöhnend den Ruhm des Tages dem General Barclay gönnte, war nicht gesonnen, einen müßigen Zuschauer abzugeben; er verfügte sich zu den österreichischen Truppen auf dem rechten Flügel und wir werden ihn in einem entscheidenden Momente thätig eingreifen sehen **).

10.

Um sieben Uhr Morgens hatte das Geplänkel begonnen; nicht lange, so fingen auch die Geschütze ihr erschütterndes Spiel an und bald krachte und blitzte und donnerte es auf beiden Seiten die ganze Schlachtlinie entlang und steigerte sich zusehends von Stunde zu Stunde der gewaltige Ernst der Thatsachen. Am Gebirge entbrannte bald wüthender Kampf. Mit wechselndem Erfolg, aber mit gleicher Erbitterung und gleich namenlosen Gräueln wie am gestrigen Tage ward um den Besitz der Eggenmühle gestritten und drängend und abwehrend stürmten und wichen die Reihen, die unmittelbar an einander geriethen. Man schoß da nicht mehr, man rang, man raufte, man schlug sich mit Bajonnet und Kolben Mann für Mann. Die Mühle lag voll Verwundeter; da gerieth sie endlich in Feuer und eine Anzahl Unglücklicher, die nicht entweichen konnten, verbrannte darin jammervoll.

Schwankte hier das Kriegsglück hin und her und war nur das Unheil der Einzelnen auf beiden Seiten gleich groß, so nahmen die Dinge am andern Endpuncte der Schlachtlinie rascher eine entschiedene Wendung.

**) Es gehört zu den vielen Unrichtigkeiten, wodurch fremdländische Schriftsteller, hier absichtlich, dort irrthümlich, den hervorragenden Antheil des edlen Fürsten an dem Ereignisse des 30. August zu verkleinern, ja geradezu auf Null herabzusetzen suchen, wenn es in den Memoiren Wolzogen's S. 201 heißt, Fürst Schwarzenberg habe mit Kaiser Alexander „auf einem in der Nähe von Kulm liegenden Hügel bei der Ruine einer Burg, in welcher sich Libussa nach der Volkssage aufgehalten haben soll", Stellung genommen. — Wenn Wolzogen's Erinnerung nicht geradezu den Fürsten Schwarzenberg mit dem König von Preußen verwechselt, dessen letzterer Anwesenheit auf dem Schloßberg er mit keiner Sylbe erwähnt, so kann an der Sache nur das wahre sein, daß Fürst Schwarzenberg den Kaiser, mit dem er die Nacht in Dux zugebracht hatte, auf den Schloßberg geleitete, von wo er sich sodann in die unmittelbare Nähe des Kampfplatzes verfügte.

Colloredo war von Sobochleben aus, wie bereits erwähnt, in verdecktem Aufmarsch gegen Karbitz vorgegangen und wurde alsogleich den Vortheil gewahr, den ihm eine rasche Besetzung der Höhe verschaffen mußte, auf welcher das Dorf Strisowitz liegt und die nicht hinlänglich zu besetzen Vandamme den Fehler begangen hatte. Die Reiter-Abtheilung des Prinzen Leopold von Sachsen-Coburg wurde zwischen Karbitz und Böhmisch-Neudorf vorgeschoben, zu ihrer Unterstützung rückte die Brigade Abele nach, ein Theil des Regimentes Czartoryski besetzte Karbitz. Die Division Bianchi marschirte auf der Höhe hinter dem Städtchen als Reserve auf, während Graf Sorbenburg mit dem Regimente Johann-Dragoner dem Fuße des Strisowitzer Berges entlang sich gegen Böhmisch-Neudorf bewegte, Colloredo selbst aber mit dem Regimente de Ligne und der Brigade Chiesa die ziemlich steile Höhe des Berges erklomm. Alle diese Bewegungen wurden mit Schnelligkeit und Ruhe unter dem heftigsten feindlichen Geschützfeuer ausgeführt [31]).

Nun begann der Angriff. General Knorring warf sich mit seinen tatarischen Uhlanen und einigen Pulks Kosaken, gefolgt von der reitenden Artillerie des Prinzen Leopold, auf die Batterie am äußersten linken Flügel der Franzosen, ritt die zu deren Deckung aufgestellte feindliche Cavallerie über den Haufen und nahm in raschem Ueberfalle drei Geschütze. Inzwischen hatte das Regiment de Ligne unter Colloredo's Führung die Strisowitzer Höhe erstiegen; ein Bataillon desselben stieß bald mit der am nordöstlichen Abfalle des Berges aufgestellten feindlichen Abtheilung zusammen, drang vom Major Watterich geführt mit gefälltem Bajonnete auf sie ein und warf sie nach der Ziegelei hinab. Rasch fuhr eine österreichische Batterie an einem vortheilhaften Puncte auf und schüttete volle Ladungen auf die bereits in Unordnung gerathenen Franzosen hinab, die nun ihr Heil in eiligem Rückzuge suchten, während Colloredo mit dem größten Theile seiner Division sich weiter rechts zog und dann in die Ebene hinabstieg, um gegen Deutsch-Neudörfel und Auschine vorzugehen.

Bald wurde Vandamme die Bedrängniß seines linken Flügels gewahr und beorderte eiligst die Brigade Quiot aus dem Centrum auf den bedrohten Punct. Drei starke französische Infanteriemassen, von einem Theile der Cavallerie-Division Corbineau und von dem verheerenden Feuer einer mit Vortheil verwendeten Batterie unterstützt, wälzten sich heran und drückten sich von der einen Seite auf die Reiterei des Generals Knorring, die dem unaufhaltsamen Andrang weichen mußte, von der andern auf zwei Kürassier-Regimenter des Großfürsten Constantin. Doch jetzt rückte die Brigade Abele vor, hielt den Sturm der feindlichen Cavallerie auf und gewährte Knorring's in Unordnung gebrachten Reiterschaaren Zeit, sich wieder zu sammeln; gleichzeitig kam Graf Sorbenburg an der Spitze von Johann-Dragoner angesprengt, faßte die gegen die russischen Kürassiere andringende französische Infanterie im Rücken und in der Flanke, brachte sie, während ihre Geschütze auf schleunigen Rückzug bedacht sein mußten, zum Weichen und zog schnell eine österreichische Batterie herbei, die nun ihrerseits unter den feindlichen Massen aufräumte [34]). Die Ungunst des Gefechtes war abgewendet, der Feind vom Angriff auf die Vertheidigung zurückgebracht; General Corbineau, am Kopfe verwundet, mußte den Verbandplatz aufsuchen [35]).

---

[31]) Relation u. s. w. S. 22.
[34]) Hirtenfeld Theresienorden II. S. 1128.
[35]) Thiers XVI. S. 344.

Indeß war nicht alle Gefahr beseitigt. Denn indem diese Vortheile vor Karbitz errungen wurden, war Graf Colloredo durch seine rasche Vorrückung nach rechts von den übrigen Truppentheilen des rechten Flügels etwas abgekommen und entstand dem feindlichen linken gegenüber eine große Lücke, in die sich die noch nicht geschlagenen Massen der französischen Infanterie werfen und so die Truppen des rechten Flügels der Verbündeten auseinander reißen konnten. In der That schienen sich die feindlichen Abtheilungen wieder zu sammeln und zu einem neuen Angriff hervorbrechen zu wollen. Das bemerkte augenblicklich der Feldmarschall Fürst Schwarzenberg und berief Bianchi zu sich, der mit seiner Division, wie wir wissen, als Reserve für Colloredo auf der Anhöhe hinter Karbitz stand **). Von der Reiterei Knorring's, die sich inzwischen wieder geordnet hatte, unterstützt, marschirte nun Bianchi mit seinen Regimentern gegen die sanfte Anhöhe zwischen Karbitz und Böhmisch-Neudorf vor, erstürmte eine hier aufgestellte feindliche Batterie, deren Platz nun österreichische Feuerschlünde, Verheeren in die feindlichen Massen speiend, einnahmen und drückte die französischen Bataillone in unausgesetzten Kämpfen immer weiter gegen die Chaussée zwischen Kulm und Pristen zurück. Mittlerweile hatte Colloredo die den Franzosen abgewonnene Ziegelei am Fuße des Strisowitzer Berges besetzt und Deutsch-Neudörfel genommen, während die Reiterei des Generals Knorring zwischen der Böhmisch-Neudörfler Erhöhung und den Wapplingsbergen vordrang und der vor den letzteren aufgestellten französischen Reiterei in den Rücken fiel, die in großer Unordnung auf Kulm und Arbesau zurücksprengte.

So stand nun das Gefecht auf der ganzen Linie, unmittelbar bevor der Moment eintrat, der das verhängnißvolle Schicksal des Tages entschied:

Der linke Flügel der Franzosen war geschlagen und umgangen. Graf Sorbenburg von der einen Seite, der bis in die Nähe der Kulmer Fasanerie vorgestürmt war, und Prinz Leopold von der andern hatten hier die Wahlstatt vom Feinde fast gänzlich gesäubert; Bianchi's geschlossene Schaaren näherten sich unaufhaltsam der Chaussée, während Colloredo mit zwei Bataillons de Ligne bis gegen Auschine vorwärts marschirte und die Brigade Chiesa in gleicher Richtung nachrücken ließ. —

Auf dem äußersten linken Flügel der Verbündeten währte die ganze Zeit hindurch der erbittertste Kampf. Die Truppen des Generals Püschnitzki nächst Pristen waren in hartes Gedränge gekommen, während in der Waldschlucht um die Eggenmühle die Wage von Verlust und Gewinn hin und her schwankte. Schon hatte die österreichische Division des Prinzen von Hessen den russischen Waffenbrüdern auf beiden Puncten zu Hilfe kommen müssen und Oesterreicher und Russen wetteiferten miteinander gegen den gemeinschaftlichen Feind. Die Franzosen hatten auf einen steilen Punct nordwärts der Eggenmühle eine Kanone hinaufgebracht, deren Feuer unter den Russen schlimm wirthschaftete; aber darauf war es den letzteren gleichfalls gelungen, auf einen beherrschenden Punct ein Geschütz zu schaffen und wieder neigte sich der Vortheil auf die Seite der Verbündeten, die jetzt im Holze gegen die Franzosen vordrangen und Anstalt machten, von der Vertheidigung zum Angriff überzugehen. —

**) Bianchi S. 354 f. — Auch die Relation sagt S. 24 ausdrücklich, daß die Erfolge auf dem österreichischen rechten Flügel „unter den Augen des commandirenden Herrn Feldmarschalls Fürsten Schwarzenberg" erzielt wurden.

Im Centrum endlich hatte seit Beginn der Schlacht von beiden Seiten nur Geschütz- und Musketenfeuer stattgefunden; Barclay wartete auf das Zeichen von Kleist's Annäherung und Vandamme hatte an seinen beiden Flügeln vollauf zu thun.

Plötzlich verstummte der Donner der französischen Feuerschlünde zwischen Straden und der Chaussée; im Centrum der Franzosen brachen Regimenter auf und marschirten im Eilschritt hinter Kulm zurück; eine Abtheilung Infanterie, mit einigen Geschützen versehen, wurde bis Vorder-Tellnitz vorgeschoben. Denn Vandamme begann die Gefahr zu ermessen, die seiner Rückzugslinie durch die Vorrückung der Oesterreicher auf der ganzen Linie von Karbitz bis Deutsch-Neudörfel drohte und beeiferte sich, das Versäumte nachzuholen.

Aber jetzt hallten Schüsse von der Nollendorfer Höhe in das Kulmer Thal herab.

Miloradowitsch gab im Centrum das Zeichen zum Vorrücken, während auch in den Reihen der Franzosen eine sichtbare Bewegung entstand; Trompeten schmetterten Fanfaren, Trommeln wirbelten Sturm, Commandoworte und Officiere flogen nach allen Richtungen, ein freudiges Getümmel bewegte die Reihen, die rufend und schreiend sich gegenseitig aufmunterten; das Geschützfeuer, der Angriff, der Widerstand belebte, verbitterte sich auf beiden Seiten — die Franzosen glaubten landsmännische Hilfe komme von den Bergen, die Verbündeten wußten bundesgenössische Verstärkung sei im Anzuge!

Kleist war mit seinem Corps, wie bereits erwähnt, fünf Uhr morgens von Fürstenwalde aufgebrochen, nachdem er noch in der Nacht zuvor sechzig Munitions-Wagen und sämmtliches Gepäck auf einen Haufen hatte zusammenfahren und in die Luft sprengen lassen; „denn", so sprach er zu seinen versammelten Generalen, „um im Rücken des Feindes kräftig auftreten zu können, müssen wir unseren Marsch von unnützem Troß befreien und natürlich bedeutende Opfer bringen" [37]). Als die Vorhut unter Oberst Blücher — es mochte acht Uhr sein — aus dem Walde auf die Nollendorfer Straße herausbog, wurde man eines langen Zuges von Fuhrwerk ansichtig, den man, da er sich sorglos und sicher vorwärts bewegte, erst für russischen Troß nahm, doch bald als französischen erkannte. Es war jener Munitionstransport Vandamme's, dessen wir früher gedachten, auf den sich nun die Preußen warfen, die Bedeckung theils niederhieben, theils zu Gefangenen machten, Wagen und Pferde in Besitz nahmen. Mittlerweile waren die andern Abtheilungen des Kleist'schen Corps an Ort und Stelle gekommen. Der Feldherr, hocherfreut sich aus einer peinlichen Lage gerissen zu sehen — von den Gefangenen mußte er erfahren haben, daß von Hellendorf und Peterswalde her kein feindliches Corps im Anzuge sei — gönnte seinen Truppen nach dem beschwerlichen Frühmarsche einige Ruhe und setzte erst in der eilften Stunde seinen Marsch in das Thal hinab fort, wo sein Erscheinen oberhalb Vorder-Tellnitz im französischen Lager und in jenem der Verbündeten im ersten Augenblick eine so verschiedene Auslegung fand.

Doch der Irrthum in den Reihen der Franzosen währte nicht lange [38]) und die bitterste Enttäuschung folgte ihm auf dem Fuße. „Die Preußen sind in unserem Rücken!" lief es plötzlich durch ihre Reihen und an die Stelle siegesfroher Aufregung von vorhin trat lähmen-

---

[37]) Rahden I. S. 150 f.
[38]) ...„triste et déplorable illusion, pourtant bien fondée", sagt Thiers XVI. p. 337.

der Schrecken. Die Sonne stand dem Scheitelpuncte nahe [99]), als die Vorhut der Preußen mit den ersten feindlichen Abtheilungen zusammenstieß. Das schlesische Husaren-Regiment sprengte auf die bei Vorder-Tellnitz postirte französische Infanterie los und nahm ihr in rascher Ueberrumpelung die Geschütze weg, deren Bedeckung sie theils niederritten, theils zusammenhieben, als plötzlich ein Lancier-Regiment den schlesischen Husaren die Beute wieder abjagte und ihre Schwadronen auseinander warf. Ein preußisches Infanterie-Regiment machte den Husaren Luft, die sich schnell wieder ordneten und den französischen Lanciers das Uebel von früher vergalten.

Von der Höhe des Horkaberges ersah Vandamme seine Lage. Muthvoll und rasch entschlossen faßte er nach kurzer Berathung mit General Haxo den Gedanken, mit Aufopferung seines Geschützes und Troßes die übrige Macht gegen den einzigen Ausweg zu führen, der ihm Rettung zu bieten schien: die Straße über den Nollendorfer Berg [100]). Die französischen Batterien rechts der Straße von Kulm verdoppelten jetzt ihr Feuer und hielten eine Zeitlang den Anmarsch des russischen Centrums auf, wodurch Vandamme Zeit gewann, die Hauptmasse seiner Infanterie und Reiterei theils über Schande hinaus gegen Liesdorf und Tellnitz zu beordern, um sich mit aller Kraft den Preußen in den Weg zu werfen, die dadurch in arges Gedränge kamen, theils Arbesau und die es umgebenden vortheilhaften Höhen besetzen zu lassen und dadurch die über Auschine anrückenden Oesterreicher unter Colloredo im Schach zu halten.

Jetzt begannen die Oesterreicher und Russen von allen Seiten vorzudringen. Der Prinz von Würtemberg setzte sich von Pristen aus in Bewegung und rückte gegen die französischen Batterien vor, deren Feuer immer schwächer wurde. Dem Prinzen Philipp von Hessen gelingt es, mit seinen Ungarn über waldige Gebirgsabfälle die äußerste Rechte der Franzosen zu umgehen, sie aus der Eggenmühle, um deren Besitz sich von Höhe zu Höhe eines der heftigsten Infanteriegefechte entspinnt, vollends zu vertreiben und längs des Gebirgsrandes vorzudringen, während am Fuße der Waldhöhe Rajefski mit den russischen Grenadieren die französischen Bataillone vor sich her drängt und alle Geschütze, die der Feind hier hat, von den Truppen der beiden tapfern Generale genommen werden [101]). Das Regiment Erzherzog Johann, durch Moräste und Chausséegraben, durch dichtes Gebüsch und verfallenes Mauerwerk nicht aufgehalten, stürmt gegen Kulm heran, in dessen Nähe der Prinz von Würtemberg die Franzosen von den Höhen vertreibt. General Abele pflanzt auf den Wapplingsbergen

---

[99]) Wir hatten schon früher (s. oben Anm. 47) Anlaß zu der Bemerkung gefunden, daß es mit der Ordnung des Horarium von Ereignissen, während welcher dem Thätigen selten die Zeit bleibt, seine Uhr herauszuziehen oder mit Ruhe den Stand der Sonne zu beobachten, seine großen Schwierigkeiten hat. So geht es namentlich mit Feststellung der Stunde, da Kleist bei Vorder-Tellnitz erschien. Die „Relation" schweigt darüber. Dagegen läßt die gedruckte officielle Nachricht in der Prager O. P. Z. 1813, S. 458, und so auch F. v. Stranz in seinem eigentlich ganz der „Relation" nachgeschriebenen Aufsatze in der Zeitschrift für Kunst u. s. w. des Krieges 1834, III., S. 271, Kleist „gegen zwei Uhr Nachmittags aus den Defil"en im Rücken des Feindes," der „Moniteur" v. 8. September 1813 ihn um dieselbe Stunde gar erst „durch Peterswald" debouchiren. Das aber ist offenbar zu spät; um diese Zeit war aller Kampf auf dem Kulmer Schlachtfelde so ziemlich zu Ende. Dagegen gibt Aster S. 185 u. a. „ungefähr gegen zehn Uhr Morgens" als die Zeit an, da Kleist seinen Marsch von der Nollendorfer Höhe herab fortsetzte, was so ziemlich mit Berechnung von Plotho II. S. 79 u. a. zusammenstimmt, wonach die Tête Kleist's „eilf Uhr Mittags" vor Tellnitz eintrat. Bringen wir damit in Zusammenhang, daß Rabben I. S. 132 „am Mittage" Kleist's Colonnen aus dem Walde vor der „einsam stehenden kleinen Kirche von Nollendorf" heraustreten läßt — „oben die siegverkündende Sonne und unter uns die Schlacht"—, so dürfte unsere Angabe oben im Texte sich rechtfertigen lassen.

[100]) Thiers XVI. S. 346.

[101]) Gebler S. 51; „Relation" S. 24.

seine Kanonen auf, die verheerende Wirkung unter dem Feinde anrichten; das Regiment Argenteau stürmt, von Major Call angeführt, mit gefälltem Bajonnet in Kulm ein, erobert das Dorf und dringt in den Hof des Schlosses, das Vandamme mit seinem Stabe kaum verlassen hatte — gegen zwei Uhr Nachmittags —.

Schrecken und Verwirrung reißt jetzt in der ganzen Strecke bis an das Waldgebirge in den Reihen der Franzosen ein. Hier sprengen Artilleristen Munitionswagen in die Luft, dort werfen sich Abtheilungen Infanterie auf das Fuhrwerk, das sie zerstören und in habsüchtiger Eile plündern, aus den Regimentscassen ihre Taschen füllen, die Bagagewägen ihrer Generale leeren. Ein Theil der Reiterei jagt querfeldein den Schluchten der Sernitz und Tellnitz zu, während Andere sich geraden Weges in's Gebirge werfen und einzeln oder in Haufen zusammenhaltend die steilsten Abhänge zu erklimmen suchen, mitunter verfolgt von nacheilenden Gegnern und an Abgründe gedrängt, in denen sie hinabstürzend schnellen Tod finden. Der Franzose, übernehmend im Glück, tapfer, unaufhaltsam im Angriff, verliert allen Halt, sobald Unfälle über ihn hereinbrechen. Abtheilungen Reiterei, in ängstlicher Hast das Weite suchend, warfen ganze Bataillone der Infanterie über den Haufen und brachten dadurch auch diese in wilde Flucht. Einzelne Ausreißer ritten hier ihre eigenen Kameraden nieder, dort schwangen sich Fliehende zu zweien, zu dreien auf ein Pferd, während andere sich krampfhaft in den Schweif desselben verfingen, um sich rascher fortbringen zu lassen. Jeder war nur auf die eigene Rettung bedacht, ließ Fuhrwerk, Geschütz im Stich; hinter Straden fielen 21 Kanonen ohne Bedeckung den Siegern in die Hände; ebenso der große Artilleriepark vor Kulm, nicht mehr beschützt von dem 17. Infanterie-Regiment, verlassen von der Mannschaft, welche die Stränge der Pferde durchgehauen und sich auf diesen auf und davon gemacht hatte [102]).

Doch bei O b e r - und N i e d e r - A r b e s a u kämpften die Franzosen, die auf dieser Seite noch geordnet und massenhaft beisammen waren, mit ungebrochenem Muth und Tapferkeit und die Preußen, die hier den gewaltigsten Druck auszuhalten hatten, ohne, von der beengten Nollendorfer Straße herabsteigend, ihre Kräfte gehörig ausbreiten und in Thätigkeit setzen zu können, kamen in arge Noth. Nach lebhaftem Widerstande nahmen' sie Ober-Arbesau und machten 300 Gefangene, der Major v. Röder vom Generalstabe fand dabei den Heldentod; aber um den Besitz von Nieder-Arbesau schwankte lange das Glück. Verloren, wieder gewonnen, abermals verloren, blieb es zuletzt im Besitze der Franzosen, denen immer neue Bataillone nachrückten, während die preußischen durch lange Züge von Geschütz und Fuhrwerk, die fast nur einzeln hinter einander die Straße herabkamen, zu lange aufgehalten wurden, um ihren fechtenden Waffenbrüdern zu Hilfe zu eilen. Ebenso wechselvoll waren die Kämpfe gegen L i e s - d o r f und das Gebirge zu; Franzosen und Preußen drangen vor, wichen zurück. Die preußischen Feuerschlünde, rechts und links von der Straße aufgestellt, wirkten verheerend in den Reihen der Feinde und stellten eine Zeitlang das Gefecht zu Gunsten ihrer Infanterie wieder her. Doch auch die Franzosen verschafften den wenigen Kanonen, die noch in ihrem Besitze waren, eine vortheilhafte Stellung, ihre Plänkler schossen Bedienungsmannschaft und Pferde der preußischen Geschütze nieder, ein französisches Lancier-Regiment bereitete sich zum Angriff vor. Jetzt fingen die preußischen Bataillone zu wanken an, ihre Geschütze suchten sich außer Bereich der feindlichen Kugeln zu ziehen; die Franzosen eilten im Sturmschritt nach, während gleichzeitig von Nieder-Arbeſau ein neuer verſtärkter Angriff gegen das von den Preußen beſetzte Ober-Arbeſau erfolgte.

Jetzt erſah Colloredo, der mittlerweile mit ſeinen Brigaden Kolbe und Chieſa über Auſchine hinausgerückt war und da eine vortheilhafte Stellung genommen hatte, die Gefahr der Bundesgenoſſen. Einige Bataillone von Czartoryski und de Ligne ſtürmten gegen Nieder-Arbeſau an, ſtritten in erbittertem Kampf um deſſen Beſitz mit den wider Tod oder Gefangen-ſchaft ringenden Franzoſen; die Regimenter Froon und de Vaux, vom Grafen Chieſa geführt, rückten zur Verſtärkung heran, drangen endlich, obgleich ihr tapferer General tödtlich getroffen vom Pferde ſtürzte, alles vor ſich niederſtoßend ein, warfen die Feinde auf die Höhen hinter dem Orte und ſchnitten ihnen die Verbindung mit Nollendorf ab [104]); zwei Adler, mehrere Geſchütze und eine große Anzahl von Gefangenen war die Beute dieſer Waffenthat, die aber auch den Truppen Colloredo's empfindliche Verluſte zugeführt hatte. Gleichzeitig führte Bianchi ſeine ſiegreichen Schaaren durch das bereits eroberte Kulm weiter vor und drang bis Schande, das zwei Bataillone der Regimenter Eſterhazy und Davidovich erſtürmten, den Feind mit gefälltem Bajonnete hinaustrieben. Schon brachen Prinz Heſſen mit ſeinen Ungarn und Rajeski mit ſeinen ruſſiſchen Grenadieren in ihrem unaufhaltſamen Vorwärtsmarſch längs des Gebirges zwiſchen dieſem und dem Horkaberge durch; andere ruſſiſche Truppen rückten von Kulm heran. 4000 Mann franzöſiſche Infanterie, in mehreren großen Maſſen hinter dem Horkaberg und Schande am Fuße des Gränzgebirges aufgeſtellt, ſahen ſich jetzt von drei Seiten ins Feuer genommen und ſtreckten, was nicht in den waldigen Bergen nach rückwärts zu entkommen ſo glücklich war, ihre Waffen.

Aber durch alles das mehrte ſich nur die Noth der Preußen. Denn die franzöſiſchen Ab-theilungen, die hier noch unbeſiegt beiſammen waren, trieb jetzt der Muth der Verzweiflung, um ſich den einzigen Ausweg zu erzwingen, den ihnen die von Kleiſt's Truppen verſperrte Straße nach Nollendorf und Peterswalde verhieß. Vandamme und die meiſten franzöſiſchen Generale befanden ſich hier und feuerten ihre Truppen an, das äußerſte zu wagen. Eine Abtheilung franzöſiſcher Reiterei ſtürzte ſich mit friſchen Kräften in voller Front auf die Preußen, während von anderer Seite her in geſchloſſenen Maſſen die Infanterie-Brigaden Quiot und Reuß herandringen, den zurückweichenden Preußen auf der Ferſe folgen, ja ſich mit ihnen, in eiliger Haſt die rettende Straße zu gewinnen, untermiſchen, einzelne Abthei-lungen derſelben gefangen nehmen und wieder loslaſſen, die bald darauf von nachrückenden Colonnen neuerdings umzingelt werden. Die Preußen überlaſſen hier Kanonen, denen die Beſpannung oder die Stränge mangeln, ihrem Schickſale, ſuchen dort andere mit ſich fort zu ſchleppen, die beim Durchfahren der Straßengräben umſtürzen und liegen gelaſſen werden müſſen. Oberſt Sako mit zwei Landwehr-Bataillonen wird in dieſem Getümmel abgeſchnitten, ein großer Theil ſeiner Soldaten gefangen; die übrigen kämpfen gegen den von allen Seiten auf ſie eindringenden Feind. Doch jetzt kommt ihnen befreundete Macht zu Hilfe. Sorbenburg und Sück, die auf anderen Puncten des Schlachtfeldes ihre Aufgabe rühmlichſt gelöſt, hatten am Mühlgraben, der ſich von Arbeſau gegen Kulm hinunterzieht, einen Uebergangs-punct gefunden, formirten jenſeits deſſelben durch Gebüſche gedeckt ihre Reiter in Abthei-lungen, ſtürzten ſich auf die zur Deckung des Rückzuges aufgeſtellten franzöſiſchen Geſchütze,

[104]) „Relation. S. 23.

die sie, zwölf an der Zahl, eroberten, wandten sich dann gegen die feindliche Infanterie, vier Grenadier-Bataillone der Reserve, die sie trotz der heftigsten Gegenwehr niederhieben, gefangen nahmen und zersprengten, wobei der tapfere Sorbenburg eine Contusion auf der Brust, sein Pferd aber zehn Wunden, meist durch Bajonnetstiche erhielt. Durch diese glänzende Unternehmung wurde den Truppen Sako's Luft gemacht, die sich rasch wieder zusammenfanden; die vom Feinde gemachten Gefangenen wurden befreit, die eroberten preußischen Geschütze zurückgewonnen und 1400 Franzosen mußten sich den tapfern Dragonern ergeben [104].

Der Sieg der Verbündeten, die Niederlage, die Vernichtung der Franzosen auf der Wahlstatt von Kulm war entschieden. Von Pristen bis hinter Schande, von Karbitz und Auschine bis an's Gebirge hin gab es getödtete und verwundete, gefangene und fliehende, aber keine kämpfenden Franzosen mehr. Was man hier noch hatte, war eine Hetze, keine Schlacht mehr zu nennen. Die Franzosen, in einzelne Compagnien, in kleine Züge auseinander gerissen, von allen Seiten angegriffen, hatten kaum noch die Wahl, welchen der verschiedenen Truppenabtheilungen von Oesterreichern oder Russen, die das Feld beherrschten, sie als Gefangene zufallen wollten. Vandamme selbst war bereits den Verbündeten in die Hände gerathen, als er, die Backenberg'sche Karte von Sachsen in der Hand, einen rettenden Ausweg gegen die Thalschlucht von Sernitz hin suchte. Von Knorring's Kosaken und Johann-Dragonern gleichzeitig angesprengt, mußte er sich gefangen geben, wurde von ihnen in die Mitte genommen und, da an der Stelle die Kugeln noch ziemlich heftig pfiffen, vom Gebirge ab etwas über die Kulmer Straße weg geführt [105]. Der Chef seines Generalstabes Haxo wurde gleichzeitig mit Vandamme oder ungefähr um diese Zeit gefangen. General Heimrodt, schwer verwundet, wurde nach Teplitz geschafft.

Die Führung der Ueberbleibsel des geschlagenen Heeres übernahm nach Vandamme's Gefangennahme der in den Vormittagsstunden in den Kämpfen bei Karbitz und Böhmisch-Neudorf verwundete Divisions-General Corbineau. Er, die Generale Dumonceau, Philippon, Mouton-Duvernet u. a. richteten ihr ganzes Augenmerk auf die Gewinnung der Nollendorfer Straße, deren Zugang um Vorder-Tellnitz und Ober-Arbesau noch immer von den mit Heldenmuth

---

[104] Relation S. 23 vgl. mit Hirtenfeld Theresien-Orden II. S. 773, 1128 f. — Rahden I. S. 154 faßt diese Begebenheit etwas sonderbar auf, wenn er behauptet, daß die Preußen „hier, wie es sich später ergab, mehr als 1500 Mann zu Gefangenen machten"; allein „in wenigen Augenblicken waren österreichische Dragoner oder Küraffiere mit dunkelgrünem Kragen und Kosaken zu uns herangesprengt und nahmen uns sans façon und ohne um Erlaubniß zu fragen, alle unsere Gefangenen vor der Nase weg." Wenn es sich erst „später ergab", daß die Gefangenen von den Preußen gemacht worden seien, muß denn doch die Sache im Augenblicke nicht ganz liquid gewesen sein. Das gibt auch Rahden am Ende zu; siehe S. 178 f. und Anm. : „Heute sehe ich's wohl ein, daß die Dragoner Recht hatten" u. s. w.

[105] After gibt S. 202 f. an, Vandamme sei von ruffischen Jägern gefangen und sogleich seiner Epauletten beraubt worden, Kosaken und Hufaren aber hätten den Jägern ihren Fang wieder abgejagt. Auch Eugen von Würtemberg erzählt in seinen Memoiren III. S. 166, daß die Jäger vom 4. Regiment seines Corps „angaben", Vandamme gefangen zu haben; dasselbe „behaupteten" auch die Kosaken Jlowaißty's XII. und die Husaren der Garde. „Wahrscheinlich", schließt daraus der Herzog, „waren bei der Gefangennahme mehrere Truppentheile gleichzeitig thätig". Allein viel näher liegt die Erklärung, daß jene Truppentheile, die einen französischen Generalen gefangen nahmen, gleich meinten und versicherten, Vandamme sei das gewesen. — Dagegen sagt Hofmann S. 180 ganz bestimmt, die Reiterei des „General Knorring und das tapfere Dragoner-Regiment Erzherzog Johann" habe Vandamme gefangen genommen. Auch Thielen, dessen Zeugniß wir weiter unten anführen werden, sah mit eigenen Augen Vandamme „von Dragonern und Kosaken geleitet". Das stimmt denn auch mit Zeit und Ort der Gefangennehmung zusammen, da sich Vandamme, „der bis zuletzt aushielt", wie Hofmann sagt, in der Nähe von seinen um den Besitz der Nollendorfer Straße kämpfenden Truppen befunden haben muß, bis wohin sich um diese Zeit von Straßen und Schande der nur Prinz Heffen und Najewski — diesen wird aber von niemand der glückliche Fang zugeschrieben —, dagegen von Kulm her nur Knorring und Sorbenburg den siegreichen Weg gebahnt hatten.

4

kämpfenden, zum Theil noch die Straße herabkommenden Preußen gesperrt war. Auf diesem Schauplatze steigerte sich Getümmel und Verwirrung von Minute zu Minute. Die sich durchschlagenden und Rettung suchenden Franzosen, die zurückweichenden oder sich wehrenden Preußen bildeten bald einen unentwirrbaren Knäuel, worin einzelne Gefechtsmomente nicht mehr zu unterscheiden waren. Das zweite schlesische Landwehr-Regiment, das sich in der Richtung gegen Ober-Arbesau den Franzosen entgegenwarf, um dem hart bedrängten 10. Infanterie-Regiment Luft zu machen, ward von diesem selbst in Unordnung gebracht und zur Flucht fortgerissen; der Prinz von Anhalt-Pleß stürzte getroffen nieder. Die Franzosen drangen den Fliehenden nach, eine Escadron preußischer Landwehr-Reiterei ritt hart an ihnen vorbei, ohne daß sich die einen um die andern kümmerten, jene nur auf den rettenden Durchbruch bedacht, diese verblüfft und verwirrt in dem maßlosen Wirrwarr. Prinz August von Preußen versuchte das äußerste, um Ordnung herzustellen, ergriff die Fahne eines Bataillons, dessen Träger eben die Nase abgeschossen worden war, stützte deren Stock auf seinen Sattel und drang mit einigen hundert Braven, die sich um ihn gesammelt, mit lautem Hurrah auf die Franzosen ein; allein denen kamen andere Abtheilungen zu Hilfe und drückten die Preußen wieder zurück.

Doch jetzt brach die Hauptmasse der französischen Reiterei, von General Corbineau unmittelbar geführt, wie ein reißender Lavastrom hervor [106]). Ein preußischer Artillerie-Officier, der noch einen Zwölfpfünder mit drelöthigen Kartätschen geladen zur Verfügung hatte, ließ sie auf hundert Schritte herankommen, ehe er abfeuerte; die Wirkung war eine verheerende, Roß und Reiter hoben und bäumten sich, stürzten übereinander. Allein es traf nur einen kleinen Theil; die Andern drangen nur desto wüthender vor, hieben die Artilleristen nieder, fielen, während die preußische Infanterie dem unaufhaltsamen Andrange zu beiden Seiten der Straße auswich, die noch im Herabrücken begriffenen preußischen Geschütze an, säbelten im Vorbeijagen die Reiter von den Pferden, erstachen die Zugthiere [107]), verfolgten aber, ohne sich um die nun alles Schutzes entblößten Kanonen weiter zu kümmern, ihren Weg auf der Nollendorfer Straße weiter, um der Verfolgung der russischen und österreichischen Reiterei zu entgehen, die ihnen auf den Fersen nachjagte und in die letzten Colonnen einzuhauen anfing.

Die Nollendorfer Straße bot jetzt das Bild gränzenloser Auflösung und Verwirrung. Strecken lang strömten französische und preußische Abtheilungen neben, hinter, häufig durch einander gemengt fort, die einen wie die andern sich für geschlagen haltend und auf Rettung bedacht. Prinz August von Preußen kam dabei in die größte Gefahr und rettete sich nur durch einen Sprung über den Straßengraben vor einer heransprengenden Abtheilung französischer Reiterei. Kleist selbst war in einer Lage gleich Friedrich II. in der Schlacht bei Kollin. Wie dieser, nachdem schon sein Heer zersprengt und geschlagen war, auf eine österreichische Batterie losritt, ohne zu bemerken, daß sich seine Soldaten hinter ihm verloren hatten, bis ihn einer seiner Officiere aufhielt: „Sire, wollen Sie denn die Batterie allein erobern?" — so kam Kleist, während schon maßloses Wirrsal alles mit sich fortriß, bis Vorder-Tellnitz vorgeritten, bis ihn seine Adjutanten aufmerksam machten, wie da nichts

---

[106]) „Der Schrecken der feindlichen Cavallerie hatte die Wirkung der äußersten Kühnheit", sagt die „Relation" S. 23 in einer etwas eigenthümlichen Ausdrucksweise.

[107]) Ueberhaupt erlitt die preuß. Artillerie in diesen Stunden die empfindlichsten Verluste f. Rahden I. S. 176 Anm.

mehr zu machen sei, und endlich einer die Zügel seines Pferdes ergriff und es von der Straße ab in den Wald fortriß, um auf Umwegen die Nachhut unter General Ziethen zu erreichen [108]).

Ziethen war bald nach Beginn des Kampfes bei Tellnitz über Kleist's Befehl von Peterswalde aufgebrochen und rückte über Jungferndorf herab, als ihm von Nollendorf her die ersten flüchtigen feindlichen Maffen entgegen kamen, auf die er nun, seine Truppen schnell ordnend, losmarschirte. Ein Theil der Franzosen, das Nahen Ziethen's bemerkend, bog bei Zeiten links ab gegen Schönwalde oder querfeldein gegen Streckenwalde zu. Die Andern, namentlich jene, die mit preußischen Abtheilungen untermengt die Straße hinaufeilten, fielen entweder den Kugeln und Säbelhieben des Ziethen'schen Corps anheim — wobei übrigens einzelne in die französischen Reihen verstrickte Preußen gleichfalls schlecht wegkamen, ja Prinz August selbst, bis hieher von französischer Reiterei verfolgt, nur wie durch ein Wunder gerettet wurde [109]) — oder gaben sich, jeden Widerstand als unnütz erkennend, kriegsgefangen; unter jenen befand sich General Dunesme, der hinter Nollendorf an der Spitze seines Regimentes von einer Kugel zu Tode getroffen wurde, unter den letzteren General Quiot mit vielen andern Officieren.

Ziethen, zu dem inzwischen Kleist mit seiner Begleitung gestoßen war, drang auf der Nollendorfer Straße weiter vor. Sowohl er als sein Obergeneral waren stets noch der Meinung, daß es einen letzten Versuch gelte, ihre versprengten Abtheilungen zu sammeln und sich zu den verbündeten Truppen durchzuschlagen; sie hielten sich für abgeschnitten und trauten ihren Ohren kaum, als ihnen jetzt die Kunde ward, ein vollständiger Sieg sei erfochten, das Heer Vandamme's geschlagen und vernichtet [110]).

11.

Unten im Thale war schon lange aller Kampf geendet. Das Schießen hatte aufgehört, nur daß zeitweise ein und der andere Pulverwagen mit donnerndem Gekrache in die Luft flog. Das Schlachtfeld, auf welches die Sonne ihre brennendsten Strahlen herabschoß, bot ein von erhebenden und von erschütternden Scenen bewegtes Bild, dem die stummen Zeugen von Tod und Verheerung — Leichen von Feind und Freund, gefallene Pferde, zertrümmertes ausgeraubtes verlassenes Fuhrwerk, weggeworfenes oder verlornes Kriegsgeräth, Tornister, Waffen aller Art — eine furchtbar ernste Unterlage, und in Flammen stehende oder in Trümmern und Asche liegende Ortschaften und Gehöfte einen schaurig schönen Hintergrund liehen. Hier wimmernde Verwundete von Durst und gräßlichen Schmerzen geplagt, die gleich

---

[108]) After S. 200.

[109]) Rahden I. S. 165.

[110]) Ueber alles, was sich bei dem preußischen Corps zutrug, sehr ausführlich und genau After S. 184—187, 193—201, 205—208 u. f. w. — Nach Danilewsky S. 139 f. wäre es General Diebitsch selbst gewesen, der Kleist jene Nachricht gebracht.

gefallenen Gladiatoren zur Beendigung ihrer Qual um den Gnadenstoß flehten [111]), dort
andere von Hilfe leistenden Wundärzten bedient, die in unempfindlicher Eile das möglichste
thaten, um zu retten, was noch zu erhalten war, oder abzulösen, was dem Lebendigen nicht
mehr angehörte. Ueber den Schauplatz bunter und schreckenvoller Verwüstung sieht man
herrenlose Pferde herum jagen und pferdelose Reiter daherschreiten. Generale kommen
mit ihrer Begleitung vorbei geritten, umherspähend und die im Fluge an ihnen vorüber-
gegangenen Ereignisse des heißen Tages besprechend; dienstthuende Officiere oder ausgesandte
Ordonnanzen galoppiren mit Befehlen vorüber. Hier sammeln sich einzelne Truppenabtheilungen zum Aufmarsch, dort müssen sich Züge von Gefangenen ordnen lassen, um weiter geführt zu werden.

Die Monarchen von Rußland und von Preußen hatten anfangs den Wechselfällen des
Kampfes vom Teplitzer Schloßberge zugesehen. Als in der eilften Stunde die Schlacht eine
günstigere Wendung zu nehmen anfing, hatten sie ihren Standpunkt verlassen und waren
rasch gegen Sobochleben geritten, wo die russischen Garde-Regimenter vom vorigen Tage in
Reserve standen, die sie musterten und ihnen Lob spendeten. Wie Nachmittags die Linie
der Verbündeten weiter vorrückte, die Reihen des Feindes zurückwichen, folgten die Monarchen
der Spur ihres siegenden Heeres und kamen durch das wieder gewonnene Kulm bis gegen
Arbesau. Colonnen von Gefangenen zogen an ihnen vorbei, die einfachen Officiere im
Haufen, die Stabs-Officiere an der Spitze. Jetzt kam ein Trupp Kosaken und Johann-
Dragoner, einen französischen General in ihrer Mitte — es war Vandamme. Als er der
Monarchen ansichtig wurde, da stieg er vom Pferde und küßte, wie zum Abschied, das treue
Thier [112]), das ihn durch so manches Drangsal glücklich hindurch gebracht haben mochte, bis
es mit seinem Herrn dem Verhängniß des heutigen Tages erlag. Wer empfände nicht Mit-
leid und Rührung bei diesem Zuge tiefen Gefühles, das in der Stunde des Unglückes aus
der rauhen Schale des siegverhärteten Soldaten hervorbrach, dem man am Ende keinen
Vorwurf daraus machen kann, in allen Lagen seinem Herrn blind und tapfer gedient zu
haben! Kaiser Alexander empfing den besiegten Feldherrn ernst und versicherte ihn, daß er
sein Schicksal erleichtern werde; der aber sah trotzig darein und sagte, ohne den Hut abzu-
nehmen: „Vous êtes le maître, Sire!" Der Kaiser befahl, den Gefangenen nach Teplitz
zu bringen [113]). Vandamme wurde zu Fuß weiter geführt; der Hut ging ihm dabei verloren, den Säbel hatten sie ihm ohne Zweifel gleich bei der Gefangennahme entwunden, die
Epauletten waren ihm von den Achseln gerissen; so lief er einher inmitten seiner berittenen
Begleiter, ein unvergeßlicher Anblick für alle, die das mitangesehen. „Noch sehe ich nach
neun und vierzig Jahren wie heute," sagt ein Augenzeuge [114]), „die colossale Figur Vandamme's ohne Hut und Säbel, von Dragonern und Kosaken geleitet, an mir vorüber ziehen."
In Kulm wurde er in den späten Nachmittagsstunden in eine zweispännige halbgedeckte
Kalesche gesetzt und von Kosaken umgeben, nach Teplitz abgeführt.

Kaiser Alexander und der König von Preußen ritten noch eine Strecke hinter Arbesau
hinaus; Pulverwägen flogen noch fortwährend in die Luft und einzelne Granatenstücke

[111]) Eine schauderhafte Scene beschreibt Rahden I. S. 163 f.
[112]) Danilewsky S. 161.
[113]) Wolzogen S. 202.
[114]) Thielen S. 125

schlugen dicht vor den Monarchen nieder. Als sie an die Stelle kamen, wo ohne Bedienung und Bespannung einige jener Geschütze standen, welche die Franzosen im Gedränge den Preußen abgejagt, aber nicht hatten fortschaffen können, rief der König von Preußen aus: „Das sind ja meine Kanonen!" [115] Kaiser Alexander ließ sie fortschaffen. Beide kehrten darauf um und ritten gegen Teplitz zurück, an langen Zügen von Truppen vorüber, deren Tapferkeit sie belobten. Als sie an eine Wagenreihe mit russischen Verwundeten kamen, sprengte der Kaiser an sie heran und sprach ihnen huldvoll Trostworte zu.

Bald nach Entfernung der beiden Monarchen, Nachmittags drei Uhr, gerieth das Dorf Kulm in Brand, und eine große Zahl von schwer Verwundeten, die in einzelnen Häusern Aufnahme gefunden hatten, ging dabei kläglich zu Grunde. Gegen Sonnenuntergang war der große massive Meierhof nur mehr Ruine, deren niedergebrannte aber noch glühende und rauchende Trümmer einen gräßlichen Anblick gewährten; ein Thurm stürzte geborsten mit lautem Gekrache zusammen und hunderte nackter, von der Hitze des Tages und von den Flammen wie geschmorter Leichname lagen in dem großen Hofraume zerstreut umher. Das Rindvieh brüllte, Hunde heulten; zerschossene Pferde duldeten still ihre Leiden; einzelne Bauernfamilien zeigten sich hier und da. Einige Bataillone und Compagnien Preußen, die sich nach dem verwirrten Gemetzel am Ausgange der Nollendorfer Straße wieder zusammengefunden hatten, marschirten eben durch Kulm in guter Ordnung, obgleich sie eigentlich niemand commandirte, da keiner der höheren Befehlshaber zur Stelle und überhaupt ein einziger ihrer Officiere, ein Capitän, beritten war. Sie verließen wieder den unglücklichen Ort, marschirten in der Richtung gegen Arbesau zurück und nahmen rechts von der Straße, Front gegen Kulm, Stellung; mit ihnen parallel, links von der Straße, hatte sich ebenso ein ungarisches Regiment von der Division Bianchi aufgestellt. Die Sonne war schon hinter die Berge gegangen und Dämmerung begann die entfernteren Gegenstände zu umhüllen, da sah man starke dunkle Massen von Tellnitz her sich heranbewegen und bald flog das Gerücht ihnen voran, die gefangenen Franzosen seien es, wohl 8 bis 10.000 an der Zahl. Voran ein General zu Pferde, den Kopf mit einem weißen Tuche umbunden, hinter ihm ein paar andere höhere Officiere; dann in kleinem Abstande 20 bis 30 Oberste und Stabsofficiere, alle zu Fuß; hinter ihnen in endlosen Colonnen die übrige Masse der Gefangenen, in ihren Reihen die Officiere eingetheilt [116].

Auf dem Schlachtfelde ging es inzwischen wild und wüste her. Ueber die Oesterreicher, namentlich von den ungarischen Regimentern, wurde viel und schwer geklagt, während man den Preußen nur gutes nachzusagen wußte. Doch über alle Beschreibung trieben es die Russen. Das war ein Ausleeren und Plündern, ein Drängen und Stoßen und Zerren um die Beute, welche die Einen den Andern sich abzuringen suchten; selbst Schüsse sollen die Habgierigen auf einander abgefeuert haben. Wie die Wahlstatt so wurden auch die Dörfer und Gehöfte durchwühlt und ausgeraubt; die meisten lagen zum größten Theile durch Brand oder Verwüstung halb in Trümmern und loderten stellenweise noch in hellem Feuer auf, das

[115] Danilewsky S. 161.
[116] Rabben I. S. 136 ff. Er hielt den General mit dem verbundenen Kopf irrthümlich für Vandamme; „denn eine Kosakenlanze hatte ihm die Stirne gestreift". Es zeigt sich daraus abermals, daß alle Welt Vandamme gefangen genommen oder doch gesehen haben wollte hinter ihm, erzählt Rabben weiter, seien „mehrere Generale (Haro und Duiot)" gekommen. Es können aber überhaupt nur diese beiden Generale gewesen sein; denn Vandamme befand sich, wie wir wissen, bereits auf dem Wege nach Teplitz, Heimrodt dagegen war so schwer verwundet, daß er weder marschiren noch reiten konnte.

mitunter während dieses beutegierigen Herumsuchens durch Unvorsichtigkeit ausbrach oder
absichtlich gelegt wurde. Außer Kulm theilten dieses Schicksal mehr oder minder
Arbesau, Auschine, Pristen, Straden, wo nur die Kapelle mitten im Orte wie durch ein
Wunder verschont blieb, Schande, der Meierhof von Kleischa ¹¹⁷). Am ärgsten ging es
wohl in Karbiß zu, wo die Russen unbarmherzig hausten. Das Städtchen war bereits am
Tage zuvor in Brand gerathen und hatte 95 Häuser und 58 Scheunen, die Vorstadt
25 Häuser mit Wirthschaftsgebäuden verloren; auch den Thurm der Kirche hatte das
Feuer ergriffen, der sammt den Glocken zusammenstürzend den Chor mit der Orgel und
den Instrumenten durchschlug; mit großer Mühe und Gefahr war der übrige Theil der
Kirche, sowie das Schulgebäude vom Caplan Mayer und vom Kirchenvater Steinsky
gerettet worden ¹¹⁸). Am Abend der Schlacht wagten sich einzelne Bewohner in den Ort,
um nachzusehen, was noch zu retten sei; allein sie verloren dabei selbst das, was sie am
Leibe trugen; denn die russischen Soldaten warfen sich auf sie und raubten sie aus.

„Das war die schrecklichste Nacht", schrieb der damalige Caplan Ignaz Mayer in sein
Tagebuch ¹¹⁹): „Die Blessirten winselten, Menschen wurden von den Russen auf freier Gasse
niedergelegt und geplündert; selbst österreichische und preußische Officiere wurden mit Gewalt
ausgezogen, und zwar in den Häusern, wo sich jene zu Hunderten eindrängten und wobei sich
die russischen Officiere am meisten auszeichneten, die auch noch diese Nacht in Karbiß beim
Plündern aus Muthwillen mehrere Häuser anzündeten, indem sie mit brennenden Besen
alles aufsuchten; sogar kein Bienenstock blieb unberaubt. Das Brauhaus von Kulm, das
während der Schlacht vom Brande noch verschont geblieben war, wurde am andern Tage
von den Russen angezündet, wobei mehrere hundert Blessirte und in der Directorswohnung
selbst Stabs-Officiere verbrannten."

Nach solchen Vorgängen in ihrer Nachbarschaft waren auch die Bürger von Teplitz
nicht ohne Sorgen. Sie wendeten sich am 31. bittlich an den König von Preußen, der sie
Tags darauf in einem eigenen Schreiben seines Schutzes und seiner Verwendung bei Kaiser
Alexander wegen „Verhütung aller Gewaltthätigkeiten und Störungen" von Seite der
Truppen versicherte ¹²⁰).

Aber bunt und verworren in anderer Weise ging es in den Wäldern und Bergen
oberhalb des Schlachtfeldes her. Wir sahen früher, wie Massen von Franzosen gegen die
sächsische Gränze zu Rettung suchten, die steilsten Abhänge des Gebirges erklommen, waldeinwärts liefen, wohin sie ihr guter oder böser Stern führte. Das fand bis in die letzten
Momente des Kampfes auf dieser Seite statt und Schaaren von Franzosen suchten, zwischen
Schande und Liesdorf gedrängt, durch das Sernitz- und Tellnitzthal zu entkommen. Sie
kreuzten sich zuweilen mit andern, die schon früher vom Schlachtfelde aus bergauf gestiegen
waren und es kam mitunter, indem ein Theil dem andern den Platz streitig machte, um
schneller der gemeinsamen Gefahr zu entrinnen, zu Gedränge und Handgemenge.

¹¹⁷) Raimund Klaus S. 30.
¹¹⁸) Handschriftliche Chronik vom „Stadl Karbiß".
¹¹⁹) Bei Aster S. 212 f.
¹²⁰) Der Wortlaut des Schreibens bei Aster S. 234.

Aber auch von den Preußen waren einzelne Haufen in das Gebirge seitab gedrängt worden und irrten da, indem sie alles verloren glaubten, ohne bestimmtes Ziel herum. Die meisten fanden sich in spätern Stunden bei befreundeten Truppenkörpern wieder ein, andere überfiel die Nacht im Walde. Bei dem argen Durcheinander gegen Nollendorf hinauf geschah es auch, daß sich Freund und Feind untermischt auf gemeinschaftlicher Flucht befanden. Im Walde zwischen Tellnitz und Nollendorf brachte ein solcher Haufe die Nacht zu, Franzosen und Preußen gruppenweise durcheinander liegend, und sie trafen in aller Ordnung das Uebereinkommen, daß Jene, von denen man nächsten Tages erfahren werde, daß die ihrigen gesiegt haben, der Andern Gefangene sein sollten [121].

Auch unter der Bevölkerung der Gegend nach dieser Seite bis Tetschen hin herrschte am Nachmittag des 30. und die ganze Nacht hindurch die gleiche Ungewißheit. Denn kam jetzt im Eilschritt ein Trupp versprengter preußischer Landwehr marschirt, der auf dem Wege die Hiobspost verbreitete, daß „alles verloren" sei, so folgte ihnen bald ein Haufe Franzosen nach, deren Hast und Unordnung es verrieth, wenn es die den Leuten der Gegend unverständliche Sprache nicht künden konnte, daß ihre Sache einen schweren Schlag erlitten habe [122].

Noch möge für Pferdefreunde ein interessanter Zug hier Platz finden. Gegen Hellendorf, also über Peterswalde hinaus, kam Nachmittags am 30. ein ganzer Trupp reiterloser französischer Pferde angetrabt. Sie hatten am Tage zuvor den Weg ins Thal hinab gemacht, warum sollten sie nicht den Weg den Berg hinauf zurückfinden? In Hellendorf liefen sie ohne weiters in den Hof des Erbgerichtes ein, als ob sie da Pflege und Nahrung finden müßten; vielleicht war ein und das andere von ihnen zwei Tage früher dort eingestallt gewesen. Bald aber kamen preußische Reiter in den Ort, welche die muntern Rosse für gute Beute erklärten und mit sich fortführten.

Der Kampfplatz von Kulm war in seiner ganzen Ausdehnung mit Todten und Verwundeten besäet, die an den Schauplätzen der hitzigsten Gefechte dichter lagen, an manchen Puncten, wie namentlich um die Juchten-Kapelle gleich Wällen aufgehäuft waren; man brachte viele Tage damit zu, die Leichen zu beerdigen, die Blessirten in Nothspitälern unterzubringen, das Schlachtfeld zu räumen.

Die Verbündeten hatten große Verluste erlitten. Die Zahl ihrer Todten und Verwundeten wurde auf 3319 Mann beziffert; davon entfielen 1500 auf die Preußen in dem stundenlangen Gemenge und Gemetzel um Vorder-Tellnitz, Ober- und Nieder-Arbesau und

---

[121] After, der S. 206 ff. die Schicksale eines einzelnen preußischen Officiers erzählt, der abwechselnd gefangen und wieder befreit, zuletzt den französischen Officier, der ihn in seiner Gewalt hatte, mit dessen ganzer Mannschaft zu Gefangenen machte.

[122] Von einzelnen Scenen, die sich in Folge dieser verwirrenden Ungewißheit ereigneten hat sich im Gebirge noch manche Erinnerung bewahrt. So erzählt der jetzige Förster von Schneeberg, damals bei seinem Vater im einschichtigen Forsthaus Christianenburg, heute noch unter Lachen, wie zwei Preußen dorthin versprengt worden seien, von denen namentlich der eine entsetzlich bramarbasirte. Da hieß es auf einmal, Franzosen seien gesehen worden, und während sich der eine Preuße auf und davon machte, verkroch sich der andere in den Keller und bat die Hausleute um Gotteswillen, seinen Versteck nicht zu verrathen. Nun waren es aber keine Franzosen, sondern ein einzelner, der sich seinerseits, da er vernommen hatte Preußen befänden sich in der Gegend, aus dem an die Forstwiese stehenden Walde nicht heraus traute, bis er zuletzt von einem vorübergehenden Knechte erfuhr, ein einziger Preuße sei im Forsthause versteckt. Nun wurde dieser hervorgezogen, die beiden Krieger, die sich beide in gleicher Furcht und Ungewißheit befanden, schlossen einen Pact und wanderten andern Tages friedlich und freundlich miteinander nach Tetschen. — Mittheilung des gräfl. Thun'schen Oberförsters Herrn Wilhelm Junke in Bodenbach.

auf der Nollendorfer Straße; 1002 auf die Russen [123]), zumeist in den erbitterten Kämpfen um den Besitz der Eggenmühle; am wenigsten auf die Oesterreicher, die doch auf allen Puncten des Schlachtfeldes am meisten und entscheidendsten zum Siege beigetragen hatten, 817 Mann [124]). Das Regiment Erbach von der Brigade Abele hatte auf dem Gebiete seines eigenen Werbbezirkes (Station Theresienstadt) gefochten und im eigentlichsten Sinne des Wortes Haus und Herd vertheidigt; einer seiner Braven fiel, so lautet die Ueberlieferung, im Garten seines Geburtshauses und wurde von seinem Vater unter einem Baume, den der Knabe vor Jahren selbst gepflanzt hatte, beerdigt [125]).

Allein ungleich größer, vielleicht das fünffache allein an Kampfunfähigen und Gefangenen, war die Einbuße der Franzosen. Schwer und gewaltig war der Schlag, der sie getroffen. Das erste französische Armeecorps, damals eines der vorzüglichsten und erprobtesten des ganzen Heeres, bestand nicht mehr; nur eine kleine Abtheilung desselben, dann zerstreute und versprengte Trümmer davon suchten flüchtig den Weg zu befreundeten Truppentheilen, bei denen sie in arger Verwahrlosung eintrafen.

Der Oberbefehlshaber Vandamme war gefangen, der Chef seines Generalstabes Haxo deßgleichen, ebenso die Generale Quiot und Heimrodt; außer Dunesme war auch Montesquiou-Fesenzac auf dem Schlachtfelde geblieben, Fürst Reuß, wie wir wissen, schon am ersten Schlachttage; also zusammen sieben Generale todt oder in der Gewalt des Siegers. Die Todten und Verwundeten berechnete man auf 5000, die Gefangenen auf 8000—10.000 Mann. Das kann aber nur vom zweiten Schlachttage gemeint sein, da die Franzosen Tags zuvor in dem fürchterlichen Kampfe um die Juchten-Kapelle und die Eggenmühle gewiß nicht weniger, vielleicht aber mehr als 5000 Mann verloren haben [126]); auch ließ sich gleich anfangs bei den Vielen, die in den Flammen von Kulm, dann auf der Flucht über Abgründe und Schluchten ihren Tod fanden und die in den Tagen darnach einzeln in die Hände der Sieger fielen, keine genaue Berechnung machen. Außerdem hatte das Corps sein Artillerie-Material und Fuhrwerk fast gänzlich eingebüßt; alle Kanonen, 82 an der Zahl, und gegen 200 Bagagewägen blieben im Kulmer Thale zurück; 2 Adler und 3 Fahnen gingen an die Verbündeten verloren.

---

[123]) Danilewsky gibt S. 163 die Einbuße der Russen an beiden Schlachttagen auf 8.000 Mann an, wobei er wahrscheinlich auch die Verluste auf dem Rückzuge von Peterswalde über Nollendorf herab einrechnet. Wollte man dagegen auch die Verluste vom 26. bis 28. August berücksichtigen, so wäre die Ziffer zu gering, da Prinz Eugen von Würtemberg die dießfällige Einbuße seines Corps allein (die Jäger vor Dresden mit inbegriffen) auf 7300 Mann schätzt; Memoiren III. S. 166 f.

[124]) Davon sollen 407 die Division Bianchi und nur etwa 90 die Division Colloredo getroffen haben; Bianchi S. 356. Ohne nähere Angabe der einzelnen Gefechts-Momente, die man überhaupt auf österreichischer Seite schmerzlich vermißt — von dem preußischen Corps weiß Aster bei der Genauigkeit der hier zu Gebote stehenden Quellen so zu sagen von jeder einzelnen Kanone anzugeben, welche Ereignisse sie durchzumachen hatte — ist diese Angabe schwierig zu enträthseln, da doch das blutigste Gefecht auf dem rechten Flügel, die Erstürmung von Nieder-Arbesau der Division Colloredo zufiel und auch bei den Kämpfen von Karbitz bis über Kulm hinaus die Brigade Abele, zur Division Colloredo gehörig, wesentlich betheiligt war.

[125]) Teplitz in der Vorzeit und Gegenwart. Von Dr. C. B. Dietrich. Teplitz 1838, Medau, S. 24. — Die Geschichte wird hier auf

Kolowrat's muthige Schaar, auf diesen Fluren geboren,
Hier erzogen — — — —

gedeutet. Allein das damalige Regiment Kolowrat (böhmisch Nr. 26) hatte erstens seinen Werbbezirk nicht in dieser Gegend, und zweitens keinen Antheil an der Kulmer Schlacht.

[126]) Siehe Aster S. 145. — Nach Hofmann S. 182 hätten die Franzosen an beiden Schlachttagen nur 4000 Mann verloren. Das ist geradezu unglaublich.

Wir erwähnten vorhin einer kleinen Abtheilung des Vandamme'schen Corps, die gerettet worden. Es waren das jene Truppen, die Vandamme schon am 29. zur Besetzung von Aussig abgeschickt und darauf am 30. durch ein Bataillon Infanterie und eine Abtheilung Reiterei unter General Creutzer verstärkt hatte. Aber auch diese kamen in einem jämmerlichen Zustande in das verschanzte Lager am Lilienstein zurück, und dieß in Folge eines ganz eigenthümlichen Vorfalls. Creutzer hatte nicht sobald die Hiobspost vom Kulmer Schlachtfelde empfangen, als er seine Truppen und die starken Requisitionen an Vieh und Lebensmitteln, die er gemacht hatte, zum Abmarsche sammelte. Er war noch nicht ganz zum Dresdener oder sogenannten Oberthor der Stadt hinaus, es war vier Uhr Nachmittags, als General Longeville mit 1500 Mann von Theresienstadt kommend — Infanterie, einige Reiter, zwei Kanonen — vor dem andern Ende von Aussig erschien und die an der Bilbrücke errichteten Pallisaden zusammenwarf. Ein einzelner Dragoner vom Regimente Levenehr (innerösterr. Nr. 4) setzte mit seinem Pferde über die Trümmer hinweg, drang, von einigen Infanteristen gefolgt, in die Stadt und jagte den letzten Franzosen nach, die aber noch glücklich das Thor erreichten, rasch schlossen und durch eine Schießlucke desselben den Tapfern niederstreckten [127]. Die Franzosen steckten, um sich durch den Brand der Stadt den Rückzug zu sichern, eine Scheune in Feuer, das jedoch glücklicherweise bald bezwungen wurde. Creutzer schlug, unbehelligt von Longeville, der sich damit begnügte Aussig zu besetzen, den Weg über die Berge ostwärts vom Kulmer Schlachtfeld ein und nahm ein paar Bauern auf, die ihm den Weg über Leitkersdorf und Eulau nach Sachsen weisen sollten. Es waren verabschiedete Soldaten, die sich alsbald unter einander in böhmischer Sprache verständigten, die Franzosen in Bedrängniß zu führen. Hinter Eulau lenkten sie nämlich gegen den Czeischkenstein in ein enges Felsthal hinein und ließen die Franzosen durch eine Schlucht hinauf klettern, die sich zuletzt so sehr verengte, daß sie nur einzelweise, Mann für Mann, durchzukommen vermochten. Sie mußten nicht bloß Geschütze und Fuhrwerk im Stiche lassen, sondern konnten kein Pferd durchbringen, mußten alles Vieh zurücklassen, ja die Tamboure selbst ihre Trommeln, die sich nicht wie ihre Leiber dünner machen ließen, wegwerfen [128].

Was sonst von Vandamme's Corps dem Tode oder der Gefangenschaft entging, waren solche, die sich über die steilen Abfälle des Gebirges, oder durch die Thäler der Sernitz und Tellnitz, oder endlich auf der Nollendorfer Straße, beim Anrücken des Ziethen'schen Corps links abbiegend, gerettet hatten und die mitunter, vom Kampfe erschöpft, aber durch die Angst beflügelt, Strecken zurücklegten und Weghindernisse überwanden, die einem rüstigen Mann mit frischen Kräften und bei voller Muße vollauf zu thun geben. Oben auf dem Gebirgskamme sammelten die Generale, die so glücklich gewesen der Noth zu entrinnen, die einzeln oder haufenweise, zumeist ohne Waffen und Rüstzeug einlangenden Flüchtlinge, brachten sie in einige Ordnung und führten sie der Gränze zu. Schon zeigten sich vom Geiersberge her Kosakenschwärme; man mußte eilen den Wald, die Hartha genannt, zu gewinnen und jene, so noch bewaffnet waren, zum Schutze der großen unbewehrten Masse

[127] Die dankbaren Aussiger brachten den Leichnam dieses einzigen gebliebenen Vertheidigers ihrer Stadt feierlich auf dem Stadtkirchhofe zur Ruhe, unterließen es aber, den Grabhügel mit einem Denkstein zu bezeichnen, so daß schon in den vierziger Jahren dessen Name völlig unbekannt war. Geschichte der königl. Freistadt Aussig von Friedrich Sonnewend u. s. w. Prag. Leitmeritz und Teplitz 1844, Medau. S. 132 f.
[128] Aster S. 222 f.

verwenden. Es gelang, die Angriffe der verfolgenden Russen abzuwehren und Liebenau zu erreichen, wo die flüchtige Colonne vom 14. Armeecorps des Marschall Gouvion St. Chr aufgenommen wurde [129]).

Viele Franzosen hatten sich auch durch das Ziethen'sche Corps durchgeschlagen oder hatten auf Umwegen die Straße über Peterswalde wieder gewonnen. Am Abend des Schlachttages kamen Versprengte von allen Waffengattungen, verstört und alles bunt durcheinander, haufenweise durch Pirna; Officiere von jedem Range, die gerettet hatten, was sie am Leibe trugen; dann wieder Equipagen, Packpferde, ein Reitknecht Vandamme's mit zweien von dessen Pferden, der seinen Herrn auf dem Sonnenstein — „une maison des fous, Messieurs!" — zu finden hoffte. Das ging so die ganze Nacht truppweise fort.

12.

Wie erfuhr Napoleon das Unglück und wie nahm er es auf?

Seine plötzliche Erkrankung am 28. in Pirna und die Unglücksbotschaft von Macdonald's gänzlicher Niederlage an der Katzbach hatten ihn, wie wir wissen, zunächst den Plan auf Böhmen aufgeben lassen. Dazu kam seine nicht zu bewältigende Erbitterung auf den Kronprinzen von Schweden, einen seiner früheren Generale, so daß er plötzlich alle seine Gedanken dahin zu richten schien, gegen Berlin aufzubrechen und dem Verhaßtesten seiner Gegner den empfindlichen Schlag von Großbeeren zu vergelten. In Folge dessen hatte es Napoleon unterlassen, Mortier und St. Chr die nöthigen Befehle [120]) oder Vandamme den unerläßlichen Gegenbefehl zukommen zu lassen.

Vandamme's hervortretendste Eigenschaft war unbedingte Ergebenheit an seinen Kriegsherrn und Kaiser, dessen Befehlen er mit nicht genug unbeugsamer Strenge und Pünktlichkeit nachkommen zu können glaubte. Und wie lohnte ihm jetzt der glückverhärtete Selbstling Treue und blindes Vertrauen? Die ganze Umgebung Napoleon's war davon überzeugt, daß Vandamme auf das Nachrücken eines französischen Corps gebaut habe und daß er Grund gehabt, darauf zu bauen; ja es wurde sogar, um nicht alle Schuld auf den Kaiser selbst wälzen zu müssen, im Vertrauen gesprochen, man habe Vandamme aus persönlicher Feindschaft gegen ihn „in der Patsche" gelassen [121]). Allein vor dem Kaiser, dem gewaltigen Stirnrunzler, hatte keiner von Allen den Muth, für den unglücklichen Feldherrn ein Wort der Entschuldigung einzulegen.

---

[129]) Genaueres darüber bei After S. 218—221.

[120]) Ueber die Unklarheit der Anordnungen Napoleon's in diesen Tagen, wodurch seine Marschälle in wirkliche oder geheuchelte Verlegenheit kamen, s. die Memoiren von Gouvion St. Chr IV. S. 116.

[121]) Danilewsky S. 166 aus dem Munde eines französischen Generalen. Der Marschall, der dort nicht genannt wird, kann nur St. Chr gewesen sein. — St. Chr schiebt alle Schuld der Preisgebung Vandamme's auf die zu späten oder sich kreuzenden Anordnungen des Kaisers, Mémoires IV. p. 118—124; und erklärt p. 128 „l'isolement dans lequel le 1er corps s'était trouvé" ausdrücklich als die Folge der „cessation du mouvement de la garde impériale, qui, arrêtée depuis le 28 à midi à l'Irna, se trouvait à portée de le secourir sur une belle communication".

„Ich habe ihm befohlen, er folle sich in nichts ernstes einlassen", sagte Napoleon, als die ersten verworrenen Nachrichten eintrafen; „aber das hat der . . . . nicht beachtet; er ist ein Schläger ohne Kopf".

Bald darauf kam der Reiter-General Corbineau, bedeckt mit feindlichem Blute und selbst verwundet, mit einem preußischen Säbel, den er im Gemenge gegen den seinigen vertauscht hatte. Napoleon hörte kalt und gemessen den Bericht Corbineau's an. Dann sagte er: „Haben wir denn etwas geschrieben, was ihm den unseligen Gedanken eingeben konnte? Berthier, holen Sie Ihre Entwürfe; Fain, weisen Sie die meinigen vor!" Und Berthier und Fain thaten wie ihnen befohlen ward, und sahen alles genau durch und fanden zuletzt, was der gefürchtete Gebieter gefunden wissen wollte: daß nichts, rein gar nichts in den Befehlen Napoleon's oder in den Weisungen aus dem Hauptquartier Vandamme habe verleiten können, den Einfall nach Böhmen zu wagen!!

So war Napoleon und seine höfische Umgebung darüber einig, oder gab sich zum mindesten den Schein davon, daß niemand als Vandamme allein, dieser „Schläger ohne Kopf", das große Unglück von Kulm verschuldet habe. So that denn auch der pflichtgetreue „Moniteur", und zwar mit denselben Worten, die Napoleon selbst gebraucht hatte: „Einer fliehenden Armee muß man entweder eine goldene Brücke bauen oder einen stählernen Schlagbaum entgegensetzen", die jedoch auf Vandamme's Lage gar nicht paßten; denn dem Bau der goldenen Brücke stand der Befehl Napoleon's, Teplitz vor den Verbündeten zu erreichen, entgegen, und der Schlagbaum von Stahl war bei Kulm und Priften nicht Vandamme, sondern Ostermann mit seinen Russen. Die unparteiische Geschichtschreibung hat den Hergang längst auf die wahre Quelle zurückgeführt und das Verhalten Vandamme's von einem gerechteren Standpunkte aus beurtheilt [112]).

Vandamme hatte wohl keine Ahnung, wie hart und rauh, einer edlen Natur völlig unwürdig, von seinem Kaiser eine Unternehmung verleugnet wurde, an die er sich doch nur als wackerer Haudegen und Vollzieher der Befehle seines Herrn gewagt hatte. Vandamme erfuhr der Demüthigungen in seiner unmittelbaren Nähe genug. Am Abend des Schlachttages war er in Teplitz eingetroffen, wo er in einem Hinterstübchen des Hauses „zu den drei Königen" in der Kirchengasse nächst dem herrschaftlichen Parke untergebracht wurde. Wären die Würfel des Krieges anders gefallen, so hätte ihm einige fünfzig Schritte weiter das fürstliche Schloß seine Prachtgemächer aufgethan und Treppen und Gänge hätten widerhallt von dem Spornengeklirr und dem Säbelgerassel dienstbeflissener eilender Officiere. Jetzt hing er von dem Mitleiden armer Hausleute ab und die Gnade roher Kosaken entschied, was sie ihm geben und lassen wollten.

Kaiser Franz war inzwischen in Teplitz angekommen und von den drei Monarchen wurde beschlossen, den gefangenen Feldherrn in das innere Rußland abführen zu lassen. Die Reise sollte über Prag gehen; doch nicht bei Nacht und Nebel, am hellen Tage

[112]) Betrachtungen über die großen Operationen und Schlachten der Feldzüge 1813 und 1814. Von C. v. W. (General von Müffling) Berlin und Posen, Mittler, 1825. S. 57 f. — Auch Thiers urtheilt in dieser Angelegenheit zu Ungunsten Napoleon's und spricht Vandamme frei; a. a. O. S. 342, 352 ff. vgl. mit unserer Anm. 44 und 98. — Vandamme selbst beklagte in einem „Exposé de la conduite du L. G. Comte Vandamme" aus dem Jahre 1815 „la malheureuse affaire de Kulm, où j'ai été abandonné de ceux qui devaient m'appuyer".

sollte er durch die Straßen der alten Königstadt seinen traurigen Durchzug halten. Wohl mochte man glauben, der Metropole des Landes, das jetzt durch die Einquartierung der verbündeten Hauptmacht so viel zu tragen hatte und das durch die Kunde von dem Einfalle des fürchterlichen Vandamme so sehr in Angst und Schrecken versetzt worden war, diese Genugthuung schuldig zu sein. Nun flog mit Blitzesschnelle die Nachricht von der Züchtigung des übermüthigen Feindes von Ort zu Ort und rasch und freudig erzählte man sich den plötzlichen Umschwung. Die Einen hatten nur die Gerüchte von der Härte und Grausamkeit Vandamme's im Sinne und ergossen sich in Schmähreden über den Unhold, der das Land in unabsehbares Elend stürzen gewollt. Andere versicherten im Gegentheile, nicht auf eine Verwüstung, sondern auf eine Gewinnung des schönen Böhmens sei es abgesehen gewesen; den Marschallstab, den Titel eines Herzogs von Prag, das ihm reiche Einkünfte abwerfen würde, habe ihm der Kaiser versprochen, wenn ihm sein Anschlag gelänge; bei der Gefangennahme Vandamme's sei das Document dazu in dessen Tasche gefunden worden [113]). Die letztere Deutung brachte die Leute noch mehr in Harnisch als die erstere; man war wüthend darüber, daß Vandamme Böhmen zu einer französischen Provinz habe machen wollen [114]) und aus dieser Mischung von Befürchtung und Entrüstung muß man sich den gehässigen Empfang erklären, der dem unglücklichen Gefangenen ganz gegen die sonstige Sitte des Landes und Volkes fast überall bereitet ward, wo er in Böhmen durchkam.

Aber schwerer zu tadeln war die Behandlung, die Vandamme von einer höher gestellten Persönlichkeit erfuhr. Nachmittags den 31. August wurde er in eine höchst einfache ländliche Postkalesche gebracht, die ihn vorerst nach Laun führen sollte. Allein kaum daß die Kutsche auf den Schloßplatz von Teplitz eingebogen hatte, gerieth sie in das Gedränge vorbeimarschirender Truppen und mußte halten, bis auch der letzte Mann vorbei war. Es war das wohl absichtlich so gefügt worden [115]), um den russischen Garden, die an den vor dem Fürst Clary'schen Schlosse stehenden Monarchen vorbeizogen, und dem zahlreichen Volke, das sich von diesem militärischen Schauspiele hatte herbeilocken lassen, den Anblick des gedemüthigten französischen Feldherrn zu gewähren, der dabei natürlich schlimme Reden und Beschimpfungen mehr als genug anzuhören bekam. Nach Beendigung des Vorbeimarsches eilte Kaiser Franz in Begleitung des General-Adjutanten F. M. L. Baron Kutschera seine Wohnung im Schlosse zu gewinnen, als er hinter sich den Ruf vernahm: „„Votre Majesté! Votre Majesté!"" Er drehte sich um und erkannte Vandamme, an dessen Wagen er mit den Worten herantrat: „Que voulez-vous Général?" „„J'ai beaucoup à me plaindre de l'injustice de l'empereur Alexandre; on me met ici sur un charriot de bourreau, sans argent, sans domestique!"" Kaiser Franz unterbrach ihn: „L'empereur Alexandre est un prince très-juste; il ne Vous traitera que justement"; er wandte sich und sagte im Fortgehen zu Kutschera in seinem bekannten gutmüthigen Wiener-Deutsch: „Wann er ka Geld hat, muß mr ihm halt an's geben." Allein kaum hatte er den Rücken gekehrt, als Großfürst Constantin auf die Kutsche des gefangenen Generals losging und

[113]) Klaus S. 28.
[114]) Sonnewend S. 110.
[115]) Wolzogen S. 204 behauptet dieß geradezu und nennt den Großfürsten Constantin als Veranstalter dieses Schauspieles.

in eine Art von Wuth darüber ausbrach, wie ſich Vandamme habe unterſtehen können, den
ruſſiſchen Monarchen bei Kaiſer Franz gleichſam zu verklagen; er ſparte die ärgſten Flüche
und Schimpfreden nicht und befahl dem Poſtillon, augenblicklich abzufahren. Die umſtehenden
Leute hatten das alles mit angehört und es bedurfte kaum einer ſolchen Herausforderung, um
ihrem Ingrimm nach Herzensluſt Luft zu machen. Höhnend, ſchimpfend und johlend gaben
ſie eine Zeitlang dem raſch davon rollenden Wagen das Geleite und warfen ihm, nachdem
ſie ſich athemlos gelaufen und geſchrieen, händevoll Straßenkoth nach, bis die Kaleſche aus
ihrem Bereiche kam [136]).

Vandamme hatte gewiß Unrecht, im Kaiſer Alexander den Urheber einer, wie er meinte,
ſo unwürdigen Behandlung zu vermuthen. Etwas dergleichen ſah einem Monarchen, der,
wie nicht bald ein Anderer, um den Ruf eines hochherzigen und menſchenfreundlichen Helden
buhlte, gar nicht ähnlich. Auch hatte ſich Vandamme, was ſeine ruſſiſche Begleitung auf dem
Wege von Teplitz nach Prag betraf — 12 Koſaken unter Befehl des Generalſtabs-Officiers
Durnowo — durchaus nicht zu beklagen. Allein in ihm ſelbſt war, wohl durch die gar-
ſtige Scene auf dem Schloßplatze zu Teplitz, der ganze wilde Trotz ſeiner Natur erwacht und
ſein ruſſiſcher Reiſegenoſſe, ein milder und gebildeter Mann, der ſich alle Mühe gab ihm die
harte Lage möglichſt wenig empfindlich zu machen, hatte viel auszuſtehen. In Laun wurde von
eilf Uhr vor bis zwei Uhr nach Mitternacht Halt gemacht. Durnowo erſuchte ſeinen Gefangenen
auszuſteigen, um eine Erfriſchung zu nehmen; doch ſtörriſch und unwirſch wies es dieſer ab,
ließ ſich nur ein Glas Waſſer in den Wagen reichen.

Am 1. September kam Vandamme durch Prag und wohl leben heute noch einzelne
Gedenkmänner, die ſich des Aufzuges erinnern, als der franzöſiſche General über die
Moldaubrücke geführt wurde, die Straßenjungen ihm Koth nachwarfen und höhnendes
Triumphgeſchrei, Schimpf und Läſterworte ihm zur Vergeltung für den Uebermuth wurden,
daß „er ſich ſchon König von Böhmen geträumt" [137]).

Von Prag wurde Vandamme durch das weſtliche Böhmen über Schleſien nach Polen,
dann weiter nach Moskau geführt und von da nach Wiätka an der Gränze von Sibirien
gebracht. Auf ſeinem ganzen Zuge durch deutſches Gebiet waren die herzloſeſten Demüthigungen ſein Geleite und mit Grund hält ſich ein ruſſiſcher Schriftſteller über dieſes unge-
bührliche Verfahren der Bevölkerung auf; „denn nicht ihnen ſtand es zu, dieſen General
wegen ſeines früheren gewaltthätigen Verfahrens zu richten; ſie durften in ihm nur den
Feldherrn ſehen, dem das Glück treulos geworden und den das Loos des Krieges in unſere
Gewalt gegeben" [138]). In Frankenſtein in Schleſien hatte ſich Vandamme 1807 erlaubt,
ganze Säcke wohlſchmeckender rother Haſelnüſſe, die in der Gegend wuchſen, für ſeinen Be-
darf zu requiriren; als es ſich jetzt traf, daß der gefangene General in dem Städtchen Nachtquartier hielt, ſoll ihm eine Deputation des Magiſtrates einen großen Sack rother Haſelnüſſe

---

[136]) Thielen S. 125 f. der, wie er ausdrücklich beifügt, „ſelbſt Zeuge des ganzen Auftrittes" war. — Nach Aſter
S. 253 f. erfolgte Vandamme's Abreiſe „in einem vierſitzigen Reiſewagen, mit vier Poſtpferden beſpannt". Wir haben ge-
glaubt uns genau an die Erzählung des Augenzeugen halten zu dürfen, der nur in dem einen Puncte irrt, daß er die Scene
auf den 1. September verlegt, an welchem Tage Vandamme bereits durch Prag kam.

[137]) Verfaſſer erinnert ſich, in ſeiner Knabenzeit von dieſem Vorfall wiederholt ſprechen gehört zu haben. — In
der Prager Ober-Poſtamtszeitung 1. September 1813, Nr. 105, heißt es einfach: „So eben paſſirt der in Kriegsgefangen-
ſchaft gerathene franzöſiſche General Vandamme hier durch". Ebenſo in den Cns. Kral. Wlaſtenſké Rowiny Nr. 36,
4. September 1813, „dne 1ho září byl ſtrž Prahu wežen jagatý francauzký generál Wandamme".

[138]) Danilewsky S. 161.

„submissest" mit dem Beifügen überreicht haben, daß er Gelegenheit nehmen könne, „sich mit dem Knacken derselben die Langeweile in Sibirien zu vertreiben"[139]).   In Breslau wurde ein Lied auf ihn gemacht:

> General Vandamme,
> welchen Gott verdamme,
> da er in Breslau lag,
> trank er viel und aß er,
> das Bezahlen vergaß er u. s. w.[140]).

In Teplitz und Dux ging es hoch und freudig her; Feste, Musterungen, Kirchenfeierlichkeiten, Auszeichnungen, Beförderungen folgten in raschem Wechsel auf einander.

Graf Colloredo erhielt von Kaiser Franz als Lohn für seine ausgezeichnete Mitwirkung an dem entscheidenden Siege die Beförderung zum Feldzeugmeister.

Dem tapferen Kleist übersandte der König von Preußen noch vom Schlachtfeld aus den schwarzen Adler-Orden, worüber der General ganz bestürzt war: „Euer Majestät glauben in mir einen Sieger zu belohnen; leider aber muß ich gestehen, daß ich mehr als Besiegter zu betrachten bin, indem ich meine ganze Artillerie verloren habe." Es war ihm nämlich noch unbekannt, daß sich die Geschütze bereits wieder gefunden hatten. Kleist ließ sogar nach Teplitz sagen: „daß der König eine Untersuchung über mich und mein Benehmen niedersetzen muß, damit ich mich rechtfertige und reinige." Allein Friedrich Wilhelm III. erwiederte ihm, daß schon sein heldenmüthiger Entschluß, sich durch das Vandamm'sche Corps durchzuschlagen, die ihm gewordene Auszeichnung vollkommen rechtfertige, weil dadurch die glückliche Entscheidung des Tages herbeigeführt worden sei[141]).

Prinz Eugen von Würtemberg war tief gekränkt über den Armeebericht Barclay's, der aller hervorragenden Verdienste rühmend gedachte, die Theilnahme des tapfern Prinzen aber nicht mit einer Sylbe erwähnte[142]). Er ritt nach Teplitz, das Gesuch um seinen Abschied in der Tasche. Als jedoch Kaiser Alexander seiner ansichtig wurde, empfing ihn dieser mit den Worten: „Ich weiß alles, was wir Ihnen schulden! Selbstverleugnung ist die schönste Tugend." Der Prinz vergaß seine Klage und als er zu seinen Truppen zurückkehrte, erwartete ihn die Decoration des Wladimir-Ordens I. Classe, die ihm Kaiser Alexander unmittelbar zugesandt hatte[143]).

Aber auch den bundesgenossischen Truppen und Feldherren erwiesen die Monarchen gegenseitig Ehrenbezeugungen. König Friedrich Wilhelm zeichnete alle Officiere und Soldaten der russischen Garde, die an der Schlacht theilgenommen, mit dem eisernen Kreuze — soge-

---

[139]) Rahben I. S. 138 f.

[140]) Geschichte der deutschen Freiheitskriege in den Jahren 1813 und 1814. Von Heinrich Beitzke, Major a. D. Berlin 1853, Duncker und Humblot. II. S. 141.

[141]) Wolzogen S. 205; Aster S. 223 Anm.

[142]) Nebst der dem Vollblutrussen anerzogenen Abneigung gegen den „Deutschen" mochte an dieser ungerechten Uebergebung auch ein Gefühl beschämender Verstimmung Antheil haben, daß dem Prinzen mit seiner geringen Truppenzahl die Ueberflügelung Vandamme's auf der Peterswalder Straße gelungen war, an die sich Barclay mit seinem ganzen Armeecorps nicht gewagt hatte.

[143]) Memoiren III. S. 171.

nannten Kulmkreuze. — aus [144]). Kaiser Franz verlieh den Generalen Barclay, Ostermann,
Yermoloff und Knorring das Ritterkreuz des Maria Theresien-Ordens und übergab dem
Kaiser Alexander neun goldene und achtzehn silberne Tapferkeitsmedaillen zur Vertheilung
unter die Garden. Der russische Kaiser endlich überreichte dem Fürsten Schwarzenberg eigen-
händig den Ordensstern des heiligen Andreas, den er selbst zu tragen pflegte, und zeichnete
Colloredo mit dem St. Alexander-Newski-Orden, Radetzky und Bianchi mit dem St. Annen-
Orden I. Classe, den Prinzen Philipp von Hessen mit dem St. Georgenkreuz IV. Classe aus.

Am 1. September wurde im Feldlager bei Teplitz feierliches Te Deum gehalten, wobei sich die russischen und die preußischen Garden, nachdem sie vor den drei Monarchen defilirt
hatten, im Gevierte aufstellten, und es war nach Versicherung eines Augenzeugen zum Ver-
wundern, in welcher schönen Haltung die Truppen trotz der großen Mühsal und Verluste der
letzten Tage einhermarschirten; „obwohl die Mannschaften zum Theil schuhlos waren, so dürfte
doch der damals von ihnen ausgeführte Parademarsch alle glänzenden Komödien der Exercir-
plätze an echt militärischer Grandezza weit übertroffen haben" [145]). Tags darauf fand eine
gleiche Feierlichkeit in Dux Statt, wo die österreichischen Divisionen Chasteller, Colloredo und
Bianchi in voller Parade vor den drei Monarchen ausrückten; nach dem Lauffeuer war große
Parole, wobei eine zahlreiche Generals-Promotion stattfand [146]).

Doch auch an ernsteren Auftritten fehlte es nicht. General Ostermann lag schwer dar-
nieder. Zu seiner Verwundung trat Brand hinzu und der durchschossene Arm mußte ihm ab-
genommen werden; der übrige Leib blieb dem tapferen Grafen noch länger als vierzig Jahre
bis in ein hohes Greisenalter hinein. Am 3. September starb der gefangene französische General Heimrodt in Folge seiner Verwundung; er wurde Tags darauf mit allen militärischen
Ehrenbezeugungen zur Erde bestattet [147]).

Es würde uns zu weit führen, das frohe Getümmel, die ungeheuchelten Freudenbezeu-
gungen, die patriotische Begeisterung zu schildern, die überall und aller Orten der Nachricht
vom Siege bei Kulm, die gleichzeitig mit jenen von Großbeeren und von der Katzbach eintraf,
auf dem Fuße folgten. In Brünn z. B. strömte man am Abend des 2. September, da die
erste Botschaft angelangt war, in das Theater, wo das „Extrablatt" öffentlich abgelesen
wurde, unterbrochen von Jubel und Händeklatschen und gefolgt von einem „Gott erhalte
Franz den Kaiser", in das die versammelte Menge gerührt und begeistert mit einstimmte;
munteres Zujauchzen, schallende Vivats währten bis in die späte Nacht. Nur noch das Ein-
langen der Siegesbotschaft in Wien sei mit kurzen Worten erwähnt.

Am 4. September hielt der k. k. General-Adjutant Oberstlieutenant Graf Paar als
Ueberbringer der dreifachen Siegesnachricht seinen feierlichen Einzug in die Reichshauptstadt:
voran eine Abtheilung Uhlanen und 8 Trompeter; darauf 26 berittene blasende Postillons;
Graf Paar zu Pferde in der Mitte von zwei Post-Officieren, welche die den Franzosen bei

[144]) Der König machte es übrigens damit weder den anderen Russen, die nicht zur Garde gehörten und doch mit
gleicher Tapferkeit gefochten hatten (Würtemberg Memoiren III. S. 183), noch seinen Preußen zu Danke, bei denen die
mit jenem Acte verschwendete Auszeichnung zu den größten Seltenheiten gehörte; s. Rahden I. S. 181 f.

[145]) Wolzogen S. 204.

[146]) Bianchi S. 356.

[147]) Prager O. P. Ztg. 1813, S. 471.

der Erstürmung von Nieder-Arbesau abgenommenen Siegeszeichen führten; abermals eine
Abtheilung Uhlanen; die Kutsche, worin Graf Paar angekommen war; zuletzt eine Abthei-
lung bürgerlicher Reiterei. In der Leopoldstadt stieß der Zug mit der Procession zusammen,
die aus derselben Ursache begangen wurde, und bewegte sich dann durch die Hauptstraßen der
Stadt in die kaiserliche Burg und von da in das Kriegsgebäude auf den Hof, wohin die
Siegeszeichen überbracht wurden; alle Hausthüren und Läden, alle Fenster bis zu den
Dächern hinauf waren von freudig erregten Zuschauern besetzt [148]). Tags darauf fand in der
St. Stephanskirche feierliches TeDeum statt, wie Kaiser Franz von Teplitz aus befohlen hatte,
„zum Dank an den Herrn der Heerschaaren wegen der drei glorreichen Siege", welche die
verbündeten Armeen am 22. und 23. unter dem Kronprinzen von Schweden „bei Trebbin",
am 26. unter General Blücher „bei Jauer" und am 30. „unter dem Feldmarschall Fürsten
Schwarzenberg bei Kulm erfochten haben" [149]). Um eilf Uhr Vormittags kam, von dem
frohen Zujauchzen des zahlreich zugeströmten Volkes geleitet, die Kaiserin mit dem Erbprinzen,
dem Erzherzog-Palatinus und den übrigen Gliedern der kaiserlichen Familie „in feierlichem
Staate" zum St. Stephansdome gefahren, in welchem sich schon früher der Hofstaat und die
Staatsbehörden eingefunden hatten, und wohnte dem vom Erzbischof abgehaltenen ambro-
sianischen Lobgesange bei, während ein vor der Kirche aufgestelltes Bataillon vom Regimente
Bianchi (galizisch Nr. 63) eine dreimalige Salve gab, die von den Wällen der Stadt herab
vom Donner der Geschütze erwiedert wurde.

[148]) Prager O. P. Ztg. 1813, Nr. 109.
[149]) Ebenda S. 463 f.

Nachspiel.

13.

Wenn man das Kriegführen oft mit dem Schachspiel verglichen hat, so paßte diese Zusammenstellung wohl auf keinen Feldzug treffender, als auf den der verbündeten Heere gegen Napoleon im Hochsommer und Herbst des Jahres 1813. Der Plan der Verbündeten, für den das strategische Genie Radetzky's den leitenden Gedanken entwickelt hatte [150]), versetzte Napoleon in die Unmöglichkeit, einen entscheidenden Hauptschlag zu thun, und reizte ihn doch fortwährend zu den Versuchen dazu, die ihn allmälig schwächen, seine Heere entmuthigen mußten. Wohin er sich mit seiner Hauptmacht wandte, wich der eine Gegner mit Vorbedacht vor ihm zurück, während die beiden Andern auf seine Rückzugslinie losgingen und ihn dadurch zwangen, wieder Kehrt zu machen. Aus diesem Gesichtspunkt betrachtet war der 26. und 27. August vor Dresden zwar eine verlorene Schlacht, aber kein verlorenes Ereigniß; denn es wurde dadurch dem von Napoleon gedrängten schlesischen Heere unter Blücher Luft gemacht [151]), der denn auch rasch die Gelegenheit benützte, um sich mit aller Macht auf Macdonald zu werfen. Aber auch als verlorene Schlacht war das Unglück von Dresden durch die entscheidenden Siege bei Großbeeren und an der Katzbach, und nun durch den vernichtenden Schlag von Kulm mehr als aufgewogen. Die Marschälle Napoleon's empfanden das schwer, und nicht weniger hoch wie das eigene Unheil schlugen sie die moralische Stärkung des Gegners an, dessen durch die Dresdener Niederlage gebrochenes Vertrauen nun völlig wieder gehoben wurde und einer siegesstolzen Zuversicht Platz machte [152]). Fürst Schwarzenberg war nach der Niederlage bei Dresden, einem schon früher festgesetzten Plane gemäß, entschlossen, die böhmische Armee in

---

[150]) Der k. k. österreichische Feldmarschall Graf Radetzky. Eine biographische Skizze u. s. w. Stuttgart und Augsburg, Cotta, 1858. S. 133.

[151]) Diesen Gesichtspunkt hebt mit Grund die „Relation" S. 18 hervor.

[152]) „Cette journée (30. août) doit être mise au nombre des plus désastreuses de la campagne; elle nous fit perdre tout le fruit des succès obtenus les 26 et 27 devant Dresde; elle rendit aux ennemis la confiance, rétablit l'union parmi eux et détruisit à Napoléon l'avantage de l'offensive." St. Cyr IV. p. 130.

die feste Stellung hinter die Eger zurückzuführen; Napoleon selbst hatte sich geschmeichelt, daß die Verbündeten viele Wochen brauchen würden, ehe sie ihre Truppen wieder in's Feld führen könnten; der Tag von Kulm hatte das mit einem Schlage geändert, die böhmische Armee blieb im Teplitzer Thale, mit ihrem linken Flügel bis nach Sachsen hinein reichend, und zwar nicht mehr geschlagen und flüchtig, sondern von frischem Muthe beseelt. „Allein was bedenklicher war als dieß alles", sagt Gouvion St. Cyr in seinen Memoiren, „diese Ereignisse gestatteten der Furcht im Herzen Napoleon's Eingang", der augenblicklich St. Cyr und Marmont befahl, sich auf Dresden zurückzuziehen und die Trümmer vom Heere Vandamme's mitzubringen. Seine eifrigste Sorge in den ersten Tagen September war die Neugestaltung seines ersten Armeecorps, wozu er die geschlagenen Reste des früheren und mehrere frisch angekommene Abtheilungen verwendete; er theilte dem neuen Heerestheil, den er unter die Befehle des Grafen von Lobau stellte, anderen Truppen entnommene Geschütze zu und musterte wiederholt seine neue Schöpfung, deren rasches Zustandekommen ihm seine ganze herausfordernde Zuversicht zurückzugeben schien [153]). Er faßte einen neuen Entschluß angriffsweise vorzugehen; allein es sollte ihm daraus nur eine Gelegenheit zu abermaliger Entmuthigung erwachsen.

Am 4. September brach Napoleon mit seiner Hauptmacht von Dresden gegen Schlesien auf, um Blücher zu einer Hauptschlacht zu nöthigen und ihm die Schuld vom Tage an der Katzbach heimzuzahlen. Auf dem Marsche gegen Bautzen begegneten ihm die Trümmer von Macdonald's Heer, ohne Waffen und niedergeschlagen. Er sah die Spuren seines großen Munitionstransportes, den Kosaken in die Luft gesprengt hatten. Aber wer ihm nicht begegnete und wovon er keine Spuren sah, das war Blücher, der unmittelbar, nachdem er die Annäherung Napoleon's erfuhr, getreu dem von den Verbündeten verabredten Plane vor ihm hinter den Queis zurückwich, abermals so freiwillig und berechnend, wie ein paar Wochen früher bei Löwenberg. Der Kaiser ritt über Hochkirch hinaus, trübe gestimmt und von innerem Verdruß gequält; er kam an brennenden Gehöften vorbei, an verloschenen Wachtfeuern, die seine Soldaten mit den hölzernen Kreuzen des Kirchhofs genährt hatten. Man langte bei einem verlassenen Meierhofe an. Napoleon stieg vom Pferde und ließ sich ermüdet auf einem Haufen Stroh nieder. Er saß da, in tiefes Nachdenken versunken, über eine Stunde lang; seine Generale und Officiere umstanden ihn und wagten keinen Laut, der ihn stören konnte. Kein Kanonendonner war zu vernehmen, kein fernes Schlachtgetümmel. Er sah die langen Reihen seiner Truppen zwecklos weiterziehen; jener verblendete Wahn, der ihn bisher glauben machte, daß er seine Feinde vor sich hertreibe, mochte allmälig dem Gedanken weichen, daß es wohl diese seien, die ihn in ihren Fäden hatten und ihn gewissermaßen dahin lenkten, wohin es in ihrem Plane lag [154]). Napoleon schien jetzt außer Stande einen sicheren Entschluß zu fassen. Die Tage vom 5. bis 7. September trugen den Stempel gänzlicher Unentschiedenheit [155]). Da gebot er seinen Truppen Halt und führte sie nach Dresden zurück. Wieder raffte er sich auf und sprach von seiner festen Absicht, dem Feinde eine entscheidende Schlacht zu liefern [156]), als am 8. die Nachricht von der Niederlage Ney's bei Dennewitz in Dresden eintraf.

---

[153]) „Ainsi à la crainte exagérée qu'on avait conçue succédait une confiance peu raisonnée." St. Cyr p. 132.
[154]) Odeleben S. 290 f.
[155]) „Le 5, le 6 et le 7, après la retraite de Blücher, il resta dans une indécision complète." St. Cyr IV. p. 136.
[156]) St. Cyr S. 137—140.

Am Abend des 30. August standen die Truppen Schwarzenberg's, wie folgt: Ziethen in Peterswalde, Kleist in Arbesau und Vorder-Tellnitz, die preußischen und russischen Garden und das Corps des Prinzen von Würtemberg zwischen Kulm und Teplitz, Knorring in Aussig, die Divisionen Colloredo, Bianchi, Chasteller und drei Reiter-Divisionen bei Dur; die anderen österreichischen Truppen weiter nordwestlich nach Sachsen hinein [137]). Als man im Lager der Verbündeten die Vorrückung Napoleon's gegen Blücher erfuhr, wurde sogleich beschlossen, mit einem Theile der böhmischen Armee gegen Rumburg und Zittau aufzubrechen, während ein anderer auf der Pirnaer Straße auf Dresden losgehen sollte. Der erste Theil der Aufgabe fiel Colloredo zu, der am 6. gegen Aussig aufbrach und seine Truppen auf das rechte Ufer der Elbe führte; die Unternehmung gegen Dresden hatte Barclay mit den russisch-preußischen Truppen auszuführen, während gleichzeitig Klenau gegen Freiberg und Fürst Moriz Liechtenstein über Altenberg gegen Sayda und Pretschendorf vorrücken sollten.

Am 7. September erreichten die Truppen Wittgenstein's Pirna und Zehista; eine starke Abtheilung wurde vor dem Königstein zurückgelassen, um einem ähnlichen Ereignisse wie am 26. und 27. August vorzubeugen [138]). Am 8. September ging man angriffsweise gegen Dohna und Groß-Sedlitz vor, welche beide Orte von dem Corps des Marschalls St. Cyr mit großer Hartnäckigkeit gehalten wurden. Schon sah man aber dunkle Massen aus Dresden heranziehen und gegen zwei Uhr Nachmittags konnte man durch das Fernrohr auf einem hervorragenden Punkt deutlich den Kaiser Napoleon, von einem ansehnlichen Gefolge umgeben, wahrnehmen [139]). Das Gefecht dauerte, ohne daß ein Theil dem andern etwas abgewann, bis zum Einbruch der Nacht ziemlich lebhaft fort. Wittgenstein hielt Pirna, Zehista und den Kohlberg besetzt, Napoleon schlug sein Hauptquartier in Dohna auf. Er schien vollkommen ruhig und gefaßt, obgleich über die Unternehmung des kommenden Tages mit sich noch nicht im reinen; er wollte erst an Ort und Stelle nach Beschaffenheit der Umstände handeln [140]). Am 9. entschloß er sich nach dem Rathschlage Gouvion St. Cyr's, statt Wittgenstein in seiner Stellung bei Pirna anzugreifen, auf dem kürzesten Wege das Teplitzer Thal zu erreichen und sich auf den Theil der böhmischen Armee zu werfen, der dort nach dem Rechtsmarsche Schwarzenberg's zurückgeblieben war; er schlug die alte Teplitzer Straße über Dohna, Liebstadt, Breitenau nach Fürstenwalde und Ebersdorf ein, während Wittgenstein, der Napoleon's Absicht errieth, rasch seine Truppen auf der Pirnaer Straße über Berggießhübel und Hellendorf gegen Peterswalde zurückführte, so daß nun beide Theile, die sich von mehreren Orten gegenseitig beobachten konnten, gleichlaufend im geringen Abstande von einander und in fast unausgesetzten Plänkeleien und Seitengefechten mit ein-

---

[137]) Uebersicht der Kriegsbegebenheiten in Böhmen vom 31. August bis 20. September 1813 u. f. w. von F. v. Stransk in der Ztf. für Kunst u. f. w. des Krieges 1843. X. S. 259 f.

[138]) St. Cyr S. 140.

[139]) Zur Kriegsgeschichte der Jahre 1813 und 1814. Von C. v. W. 2. Auflage. Berlin, Posen und Bromberg. Mittler, 1827. S. 51.

[140]) St. Cyr IV. S. 148—151. Napoleon soupirte in Dohna mit St. Cyr und dem König von Reapel; die Beschreibung dieses Abends, der Gespräche Napoleon's, der Gelassenheit, womit er aus dem Munde des eben eingetroffenen jungen Herzogs von Piacenza die Details der Niederlage bei Dennewitz vernahm, ohne sich einen Laut des Mißmuthes gegen Rey und dessen Generale entschlüpfen zu lassen, die kriegswissenschaftlichen Betrachtungen, die er daran wie an ein Ereigniß knüpfte, das etwa in China oder in einem früheren Jahrhundert vorgefallen, gehören zu dem Interessantesten dieses Abschnittes von St. Cyr's Memoiren, der mit Recht sagt: „J'ai pensé que cela pourrait aider à faire connaître le caractère d'un homme si étonnant et encore si peu connu, malgré les nombreux hauts faits dont il a etourdi le monde".

ander begriffen, die Richtung nach Böhmen einschlugen ¹⁶¹). Napoleon übernachtete in der
alten, an eine schroffe Wand gelehnten Veste Liebstadt und rückte am 10. gegen Breitenau und den Geiersberg vor, während der Graf von Lobau mit dem ersten Armeecorps
Wittgenstein auf dem Fuße nachfolgte und sich in Peterswalde festsetzte.

Allein wieder kam ein Zustand von Unentschlossenheit über den französischen Kaiser,
der seinem Verhängniß schon verfallen zu sein schien. Der ganze Marsch hatte durch unwirth-
bare Gebirgsgegenden geführt, ausgesogenes Land, verödete Dörfer; das Nachtquartier in
dem düstern Felsenneste von Liebstadt konnte nicht beitragen die Stimmung des Kaisers zu
heben, der von seinem am 9. Morgens gefaßten Plane wieder vollständig abgekommen zu
sein schien. Als man in die Nähe des Sattelberges kam, den Gränzpunct zwischen Böhmen
und Sachsen, den Napoleon von Dresden aus beobachten konnte, rief er aus: „Voilà notre
montagne!" und ließ den König von Sachsen benachrichtigen, daß man den Feind wieder
nach Böhmen zurückgedrängt habe; als ob das die Hauptabsicht des gegenwärtigen Unternehmens gewesen wäre! Napoleon ging über Ebersdorf hinaus und sah den Thalkessel vor
sich ausgebreitet, wo wenige Tage zuvor einer seiner Tapfersten vernichtet worden, jenseits
begränzt von der wunderbaren Berglinie, die das Innere des herrlichen Landes wie ein kost-
bar anvertrautes Gut zu beschützen schien. Zu seinen Füßen erblickte er die Heerhaufen der
Verbündeten, er konnte jede ihrer Bewegungen ausnehmen; hier besetzte eine Abtheilung ein
Dorf, ein hervorragendes Gebäude, dann kam wieder ein anderer Haufe, jene abzulösen,
die sich nun in Schlachtordnung reihte; eine Aufstellung mit der andern wechselnd, sowie
immer neue Truppen im Rückmarsch über Peterswalde und Nollendorf im Thalkessel an-
langten. Er konnte unterscheiden, wie nur Russen und Preußen da unten gerüstet stehen, keine
österreichische Fahne war zu erblicken; allein er gewahrte auch die Rauchsäule, die schön und
stolz gegenüber von der Höhe des Mileschauers aufstieg, den entfernten Heerestheilen das
Nahen des gefürchteten Feindes verkündend. Er wandte sich ab und rief den Marschall St. Cyr
beiseite: „Ich will den Feind in dieser Stellung nicht angreifen, sondern mich zurückziehen.
Sie aber und Lobau werden ihn noch heute und morgen beschäftigen, damit man glaube, es
sei meine Absicht, mich hier in eine Schlacht einzulassen" ¹⁶²).

Unmittelbar nach erhaltener Nachricht vom Erscheinen Napoleon's in Dresden hatte
Fürst Schwarzenberg mit seinen gegen Rumburg marschirenden Truppen Kehrt gemacht und
Barclay den Befehl zukommen lassen, die seinigen aus Sachsen zurückzurufen. Barclay
machte sich auf einen Angriff vom Geiersberge und von Nollendorf herab gefaßt. Marschall
St. Cyr sandte am 10. den General Drouot gegen Ober-Graupen hinab, der die
Truppen Bistrom's in das Thal zurückdrückte. Drouot begann sich gegen Mariaschein und
Theresienfeld zu entwickeln, als ihn General Rajefski mit dem Bajonnete angriff und unter-
stützt von mehreren Batterien, die bei Hohenstein auffuhren, in das Gebirge zurückwarf.
Gleichzeitig war das französische erste Corps unter dem Grafen von Lobau über Hellendorf
gegen Peterswalde vorgegangen und hatte die Truppen Wittgenstein's über den Nollendorfer
Berg zurückgedrängt. Das Geplänkel auf beiden Puncten dauerte den 11. September hin-

---

¹⁶¹) St. Cyr IV. S. 154.

¹⁶²) Odeleben S. 297 f. vgl. mit St. Cyr IV. S. 133—158. Wo ist, fragt St. Cyr, „le grand homme de
Marengo, que les Alpes et l'épouvantable Saint-Bernard n'avaient pu intimider, et qui maintenant reculait
devant les faibles chaînes de l'Ertz- et Mittel-Gebirge avec une armée si considérable?"

durch fort; St. Cyr gab sich fortwährend den Anschein, als sei es ihm um die Behauptung
der Linie über den Geiersberg zu thun, den seine Sappeurs über Hals und Kopf wegsam zu
machen beflissen waren; Lobau rückte zur Besetzung des Nollendorfer Berges vor, kam bis
Vorder-Tellnitz herab und griff den dort angelegten Verhau an, und wieder gewann es den
Anschein, als sollte die Gegend von Kulm und Pristen Schauplatz erbitterter Kämpfe werden.
Allein schon war für die Verbündeten alle Gefahr beseitigt. Denn Colloredo war bereits nach
einem zwei Tage langen beschwerlichen Marsche bei schlechtem Wetter und auf noch schlechteren
Wegen im Thalkessel von Kulm wieder angelangt und ein Heer von mehr als 100.000 Mann
mit 800 Feuerschlünden stand bereit den Kaiser der Franzosen zu empfangen, falls er versuchen wollte, was seinem Feldherrn Vandamme nicht gelungen war.

Napoleon hatte vom 10. auf den 11. in Breitenau übernachtet; vom 11. auf den
12. war er im Pfarrhofe von Peterswalde, dessen Bewohner entflohen waren; am 12. ging
er über Pirna nach Dresden zurück und nahm die alte und die junge Garde mit sich, während
St. Cyr sich aus seiner vorgeschobenen Stellung auf dem Geiersberg zurückzog und Lobau
den Befehl erhielt, die Pirnaer Straße bis gegen Peterswalde zu halten. Die Verbündeten
rückten alsogleich in die von den Franzosen verlassenen Stellungen nach und feierten noch
unter den Waffen den Sieg von Dennewitz; ein dreifacher Segensgruß der wie zur Parade
aufgestellten Truppen und ein halbstündiges Feuern aus allen Geschützen tönte durch das
Thal und in die Berge hinein, die mit lautem Widerhall die frohe Botschaft bekräftigten und
weiter trugen.

Fürst Schwarzenberg befahl nun eine allgemeine Vorrückung. Die Armeecorps gegen
Marienberg und Sayda wurden wieder vorgeschoben; der Prinz von Würtemberg und Graf
Pahlen gingen auf dem Nollendorfer Berge vor (14. September). Bei Hellendorf stand
die Division Dumonceau als Nachhut des ersten französischen Armeecorps, auf welche
sich die Russen warfen und sie nach einem lebhaften Gefechte, worin die Franzosen an
Gefangenen und Getroffenen viel Leute einbüßten, nach Berggießhübel zurückdrängten.

14.

Seit dem unheilvollen Schlage von Moskau hatte den französischen Kaiser nichts
härter getroffen, nichts ihn tiefer verwundet und empfindlicher verletzt, als der offene
Beitritt Oesterreichs zur Sache der Verbündeten. Bis zum letzten Augenblicke hatte er das
für unmöglich gehalten und er machte seinem herben Unmuth darüber bei jedem Anlasse
Luft. Als nach der Schlacht bei Dresden der in Gefangenschaft gerathene General Metzko
die Bitte wagte, auf Ehrenwort entlassen zu werden, erwiederte ihm Napoleon mit höflicher
Bitterkeit: „Ich darf einen österreichischen General nicht der Gelegenheit berauben, der
Tochter seines Souveräns in Paris die Hand zu küssen."

Allein auch in militärischer Hinsicht, abgesehen von der beträchtlichen Anzahl Streiter, die dadurch seinen Gegnern zuwuchs, traf den französischen Kaiser dieses Ereigniß auf das fühlbarste, ohne dessen Eintritt die Verbündeten niemals den gefährlichen, tief nach Sachsen hinein schneidenden Stützpunkt des nördlichen Böhmens hätten benützen können. Der Einfall in das Herz von Böhmen, die Gewinnung von Prag war darum ein Gedanke, der Napoleon und seinem Generalstabe fortwährend vor der Seele schwebte und auf den sie unwillkürlich oder absichtlich immer wieder zu sprechen kamen. Schon vor der Schlacht bei Dresden hatte Berthier ausgerufen: „Eh bien, nous gagnerons une belle bataille, nous marcherons sur Prague, sur Vienne" [163]). Nach der Schlacht bei Dresden war Napoleon voll Siegeshoffnung und ließ seine Blicke von der Wahlstatt weithin über die Berge bis nach der alten Königstadt schweifen: „Ich denke eher in Böhmen zu sein als meine Gegner und gleichzeitig mit meinen Herren Collegen in Prag." Es stak etwas Großsprecherei in solchen Reden; es offenbarte sich zugleich aus ihnen ein tief empfundener Groll; es lag ihnen aber auch eine Anerkennung der großen militärischen Wichtigkeit zu Grunde, welche die Behauptung der Stellung in Böhmen für die Verbündeten hatte und aus der sie herauszudrängen Napoleon jetzt noch einen letzten Versuch wagen wollte.

Kaum hatte er von dem Ereignisse bei Hellendorf vernommen, als er (15. September) mit seinen Garden von Dresden aufbrach und dem Grafen von Lobau ansehnliche Verstärkungen mit dem Befehle zusandte, die verlorene Stellung wieder zu gewinnen [164]). Pahlen leistete bei Hellendorf tapfern Widerstand; allein Fürst Schwarzenberg, der in Person zur Avantgarde herangekommen war, befahl den Kampf nicht weiter fortzusetzen [165]), worauf sich Pahlen fechtend auf Peterswalde zurückzog, und hier von der Brigade des Prinzen August von Preußen aufgenommen wurde. Am 16. September elf Uhr Vormittags brachen die Franzosen mit ansehnlicher Verstärkung gegen Peterswalde vor und drückten die Verbündeten zurück. In einem Cavalleriegefecht, das sich zwischen französischen Lanciers und dem preußischen braunen Husarenregimente entspann, wurde der tapfere Führer des letzteren Oberst Blücher im dichtesten Handgemenge schwer verwundet, vom Pferde heruntergerissen und gefangen [166]). Napoleon machte viel Aufhebens mit diesem Fang; er ließ sich den Obersten, der übrigens mit großer Rücksicht behandelt wurde, vorführen und soll ihm mehrere Fragen gestellt haben, unter andern: „Wie viel Soldaten hat Ihr König?" „„So viele, als er getreue Unterthanen besitzt"", soll der Sohn des berühmten Feldherrn geantwortet haben [167]).

Mittlerweile war Kleist zur Ablösung Pahlen's in der Vorpostenstellung auf dem Nollendorfer Berge beordert worden, der aber, die Uebermacht des Feindes erkennend, gleichfalls zurückzugehen beschloß. Ziethen, der mit der Nachhut den Rückzug Pahlen's und

---

[163]) Odeleben S. 266.

[164]) „Bien qu'il n'y eût aucun goût et qu'il ne s'en promît aucun résultat, Napoléon dut opérer un nouveau mouvement vers les montagnes de la Bohême, pour rejeter une fois au delà de ces montagnes les incommodes et fatigants visiteurs qui venaient sans cesse le troubler" sagt Thiers XVI. p. 461, der übrigens die Ereignisse vom 15. — 17. September mit einer merkwürdigen Schleuderhaftigkeit und Parteilichkeit auf kaum zwei Seiten abthut.

[165]) Beiträge zur Geschichte u. s. w. S. 62.

[166]) Rahden I. 198 f.

[167]) Richter II. S. 107 Anm. — Thiers XVI. S. 462 läßt im Gegentheile Napoleon aus Blücher's Reden ersehen: „que la nécessité, mais non l'affection et la confiance, tenait les coalisés unis".

Kleist's decken mußte, hatte einen schweren Stand; kämpfend zog er sich von Stellung zu Stellung, immer darauf bedacht, den Feind aufzuhalten, der ihm vier Kanonen demontirte und empfindliche Verluste beibrachte. Er mußte bis Vorder-Tellnitz zurückweichen, wo er den Verhau am Fuße der Nollendorfer Höhe in Eile wieder herstellen ließ; zu seiner Linken hielten russische Jäger die waldigen Abfälle des Gebirges besetzt. Abends traf Napoleon in Nollendorf ein, wo er bei der weithin in den Teplitzer Thalkessel sichtbaren Kirche Stand hielt, um die Stellung seiner Gegner zu erforschen; es war aber trübe Witterung und ein dichter Nebel lag über dem Thale, der nichts unterscheiden ließ. Napoleon ritt nach Peterswalde zurück, in dessen Pfarrhof er übernachtete.

Im Lager der Verbündeten verbreitete sich bald die Nachricht, der französische Kaiser befinde sich in Person bei dem Heere, das nun zum drittenmale eine Unternehmung im Sinne zu haben schien, die am 30. August gänzlich verunglückt war und am 10. September in unerwarteter Weise abgebrochen wurde. Nur daß Napoleon jetzt, wie sechs Tage zuvor, die Stellung der Verbündeten von zwei Seiten in Angriff nahm: von der Nollendorfer Höhe herab in der Richtung gegen Kulm, und von Fürstenwalde aus, wo St. Chr wiederholten Befehl erhielt, gegen Ebersdorf vorzurücken und die Truppen der Verbündeten über die Berge hinab zu werfen. St. Chr war jedoch dem ganzen Unternehmen abgeneigt; er hatte am 10. angerathen, mit Macht in das Teplitzer Thal hervorzubrechen, weil er damals die österreichischen Truppen noch entfernt glaubte; jetzt dagegen, wo die Verbündeten offenbar den größten Theil ihrer Macht im Thale beisammen hatten, hielt er den Angriff für nutzlos, ja für gewagt. Darum schützte er Unklarheit der empfangenen Weisungen vor, frug wiederholt an und that endlich nur zaudernd und lässig, was ihm geheißen war [168]).

Kaum hatte Fürst Schwarzenberg die Kunde von dem Vordringen einer überlegenen feindlichen Macht erhalten und die muthmaßliche Absicht des Unternehmens erwogen, als er seine Gegenanstalten in folgender Weise traf [169]):

Ziethen bleibt bei Vorder-Tellnitz, dessen Verhau er so lange als möglich zu vertheidigen hat —

Wittgenstein und ein Theil des Kleist'schen Corps nehmen bei Kulm Stellung und besetzen Arbesau und Schande —

Barclay wird sich mit den preußischen und russischen Reserven bei Sobochleben aufstellen und seinen linken Flügel durch Abtheilungen bei Ebersdorf und an den Ausmündungen des Gebirges über den Geiersberg und Mückenthürmel schützen —

Colloredo besetzt den Strisowitzer Berg und dessen nordwestliche Abhänge, dehnt seinen linken Flügel auf der Erhöhung zwischen Böhmisch-Neudorf und Karbitz, seinen rechten über Schöberitz aus und schiebt seine Vorhut unter Feldmarschall-Lieutenant Lederer bis Auschine, Tillisch, den Tannichberg und Johnsdorf vor —

[168]) Gouvion St. Chr IV. S. 170 f. und 418 ff.

[169]) Relation der Gefechte vom 17. und 18. September 1813 bei Arbesau und Kninitz. Wien, k. k. Hof- und Staatsdruckerei, 1813. S. 3 f. — Wir werden bei unseren Anführungen diese Relation zur Unterscheidung von der bisher von uns bezogenen (s. oben Anm. 15) mit B bezeichnen. Mit der Schreibung der Ortsnamen ist es in diesem officiellen Schriftstücke nicht am besten bestellt. So ist statt Tillisch bald Delisch, bald Delitsch zu lesen. Auch wird daselbst ein Ort Rautnek genannt, der auf keiner Karte zu finden ist; dagegen hat Watterich in seinem Handwörterbuch von Böhmen (Prag, 1845, Medau) ein Raudney, Thaldörfchen, Pfarre Gardig.

Der General der Cavallerie Graf Merveldt deckt mit dem zweiten Armeecorps bei Postitz und Garditz die Aussiger Straße, besetzt die Höhe von Klein-Kaudern und geht mit seiner Vorhut von der einen Seite bis Saara, von der andern bis Spansdorf vor.

Zeitlich früh am 17. September befand sich Napoleon wieder bei dem Nollendorfer Kirchlein und sandte einige Bataillone die Straße hinab. In seinem Heere herrschte nicht die alte Begeisterung. Die Desertionen hatten in der letzten Zeit in erschreckender Weise überhand genommen [170]. Mißmuth und Mangel an Selbstvertrauen begann um sich zu greifen und namentlich vor einem neuerlichen Einfall in Böhmen hatte man eine gewaltige Scheu. Als der Kaiser am Morgen des 17. die Reihen seiner Soldaten durchritt, deren Haltung und Mienen, durch Mühsal, Entbehrungen und schlimme Botschaften herabgestimmt, nicht mehr jene freudige Zuversicht ausdrückten, die er von seinen früheren Feldzügen her gewohnt war, da suchte er ihnen Muth einzusprechen, und wie Hannibal seinen murrenden Karthagern von den Gipfeln der beschwerlichen Alpen die lachenden Ebenen Italiens wies, so deutete Napoleon von der unwirthlichen Nollendorfer Höhe auf die gesegneten Fluren Böhmens hinab, in denen sie volle Entschädigung für die ausgestandene Noth und Anstrengung finden würden [171].

Ungefähr eilf Uhr Vormittags wurde Ziethen in seiner Stellung bei Vorder-Tellnitz angegriffen, während die Franzosen gleichzeitig gegen das von den russischen Jägern besetzte Gehölz vordrangen und heftiges Gewehrfeuer, von dem Donner der Geschütze unterstützt, hallte abermals in die waldigen Berge hinein und von diesen in das Thal zurück, dem der Feind eine Wiederaufnahme jenes Kampfes zu bereiten schien, der vor kaum dritthalb Wochen mit furchtbarer Gewalt hier entbrannt war. Ziethen hielt mit seinen Preußen und Russen mehr als drei Stunden lang tapfer Stand. Da gelang es den Franzosen, um zwei Uhr Nachmittags den Verhau zu umgehen, worauf sich Ziethen mit seiner Infanterie kämpfend am Gebirgsrande auf den linken Flügel Wittgenstein's bei Kulm zurückzog, während die Reiterei an Wittgenstein's rechtem Flügel gegen Deutsch-Neudörfel zu Stellung nahm.

Napoleon kam jetzt selbst den Nollendorfer Berg herabgeritten und hielt bei Tellnitz an. Der Himmel hatte sich etwas aufgeklärt; doch ließ sich die Aufstellung und Stärke der Verbündeten nicht erkennen; nur der Horkaberg bei Kulm ragte hervor, dessen Kapelle, in Nebelschleier gehüllt, gleich einem drohenden Schutzgeist über diesem Schlüssel Böhmens zu schweben schien [172].

Die Franzosen begannen sich von Tellnitz herab gegen die Ebene zu entwickeln; der Kaiser hatte bereits den größten Theil von Lobau's Armeecorps herabkommen lassen. Starke Infanteriemassen der Division Mouton-Duvernet breiteten sich fast ohne Widerstand links von der Straße aus, nahmen Ober- und Nieder-Arbesau, Tillisch in Besitz; andere Abtheilungen rückten auf der Straße bis Schande vor, von wo sie aus zehn Geschützen, die bald durch andere vermehrt wurden, ein Feuer gegen Kulm eröffneten, von dessen Horkaberg ihnen eine preußische Batterie antwortete; gleichzeitig ging eine Colonne längs des Gebirges auf den äußersten linken Flügel Wittgenstein's los, den sie, wie am 29. und 30. August bei der Eggenmühle, zu umgehen

[170] Thiers XVI. p. 451.
[171] Relation B S. 8 nach aufgefangenen Briefen französischer Militärs und Aussage der Gefangenen.
[172] Odeleben S. 303.

suchten. Das vierte russische Jägerregiment und die Regimenter Wolhynien und Krement-
schuck standen da, denen Ziethen mit seinen Bataillons zu Hilfe eilte und einen heftigen
Kampf gegen die immer erneuten Angriffe des Feindes bestand.

Mittlerweile hatte Colloredo die Höhe von Strisowitz verlassen, war im Sturmschritt
über Deutsch-Neudörfel gegen Auschine vorgegangen und hatte links vom Dorfe zwei Batterien
aufgeführt, die gegen die feindlichen Geschütze bei Schande ein äußerst wirksames Feuer begannen, als sie sich von zwei Schwadronen Garde-Reiterei angesprengt und umringt sahen,
und, ehe man sich dessen versah, vier Kanonen in der Gewalt des Feindes waren. In diesem
Augenblicke — es war der entscheidende des Tages — bog Rittmeister Joseph Döry von
Jobháza, auf Erkennung des Feindes ausgesandt, an der Spitze einer Escadron Hessen-
Homburg-Husaren (Nr. 4) aus einem Hohlwege heraus und stürmte, kaum die Gefahr
erblickend, auf die französischen Lanciers los, in die er nun einzuhauen begann [172]). Durch
diesen kühnen Ueberfall gedeckt, sammelte sich die etwas in Verwirrung gerathene Infanterie
wieder; Oberstlieutenant Franz Freiherr von Csorich führt rasch ein Bataillon de Ligne vor,
jagt dem Feinde die genommenen Geschütze wieder ab und wirft ihn mit großem Verluste
an Todten und Verwundeten zurück.

Nun erst können die Batterien Colloredo's ihre volle Kraft entwickeln und schleudern
von denselben Anhöhen, von denen Vandamme's Verderben am 30. August vollendet wurde,
Kugeln und Granaten in die Reihen der Franzosen, deren bei Schande aufgestellte Geschütze
bald ihr Feuer abbrechen müssen.

Gleichzeitig mit Colloredo war General Merveldt, mit dem sich jener in das Einver-
nehmen gesetzt hatte, gegen die Nollendorfer Straße vorgegangen und hatte den Feind durch
den Grafen Sorbenburg aus Zuckmantel, durch den Fürsten Alois Liechtenstein aus Tillisch
hinauswerfen lassen. Oberst Graf Bentheim drang mit einem Bataillon Kaunitz (galizisch
Nr. 20) in den Wald zwischen Arbesau und dem Tannichberg und warf die Franzosen bis
gegen Tellnitz zurück, wobei er einen Adler eroberte und 400 Gefangene machte [174]).
Colloredo nahm Auschine in Besitz und vertrieb den Feind aus Nieder-Arbesau [175]). Jetzt
waren die Franzosen wie am 30. August vollständig in die Flanke genommen und in ihrer
ganzen Rückzugslinie bedroht. Schon begann Verwirrung in ihren Reihen einzureißen, als
auch Ziethen am Gebirgsrande von der Vertheidigung zum Angriff überging, sie
mit dem Bajonnete zurückwarf, und bis gegen Tellnitz unaufhaltsam verfolgte; General
Creutzer, von der Aussiger Begebenheit her unsern Lesern erinnerlich, fiel bei dieser Gelegenheit
den Scharfschützen des ersten schlesischen Regiments in die Hände. Gleichzeitig mit Bentheim

---

[172]) Hirtenfeld Theresienorden I. S. 736, 738. II. S. 1207. Döry war vom Oberstlieutenant Joseph Freiherrn von Simonyi ausgesandt worden, der mit drei Escadrons in der Nähe des gedachten Schauplatzes stand. — Hofmann,
Richter u. a. sprechen auch von preußischer Reiterei; ja nach Plotho II. S. 210 hätte eigentlich diese den Ausschlag
gegeben und nur neben ihr „einige Schwadronen der Hessen-Homburgischen Husaren" mitgewirkt. Allein davon weiß die
„Relation" B nichts; eben so wenig der preußische Major Stranz a. a. D. S. 266 f. — In einem Dienstschreiben aus
dem französischen Hauptquartier an den Marschall St. Cyr ist wohl von dem glänzenden Angriff der Lanciers und der
Wegnahme der österreichischen Kanonen, aber nicht von der alsbaldigen Zurückwerfung derselben und dem Wiederverluste
der genommenen Geschütze die Rede. St. Cyr IV. S. 420 f.

[174]) Oesterreichische militärische Zeitschrift 1840. VIII. S. 148.

[175]) „Der General Colloredo schlug den Feind mit einer Unerschrockenheit, einer Kraft und einer Ordnung
zurück, welche allgemeine Bewunderung erregte." Geschichte des Krieges von 1813 und 1814 u. s. w. durch den Marquis
von Londonderry u. s. w. Weimar, 1836, Voigt. I. S. 213.

vom Tannichberg aus drang Zietzen vom Gebirge her in Tellnitz ein, während Wittgenstein von Kulm vorrückte und Colloredo von Arbesau weiter drang.

Nun war die Niederlage der Franzosen vollständig; an 2000 Gefangene hatten sie verloren; vielleicht eben so viele Todte und Verwundete bedeckten von ihrer Seite das Schlachtfeld — von den Verbündeten waren mehr als 1000 Mann kampfunfähig — eine Fahne, ein Adler und sieben Kanonen befanden sich in den Händen der Verbündeten, deren Fortschritte jetzt, es war fünf Uhr Nachmittags, durch einen zweistündigen heftigen Regen und durch einen dichten Nebel, der die Tageslänge um beinahe eine Stunde verkürzte, aufgehalten wurde. Die ganze Gegend war in nasses Grau gehüllt, Feind und Freund nicht mehr zu unterscheiden; nur die Blitze der aufs gerabewohl hin feuernden Kanonen erhellten bis zum Einbruch einer stockfinstern Nacht auf Augenblicke die Dunkelheit.

Der französische Kaiser hatte längst seinen Standpunkt bei Tellnitz verlassen. Kaum daß er Nachricht von dem Anrücken der Oesterreicher gegen Kninitz erhalten, war er sporn-streichs die Nollendorfer Straße hinaufgesprengt [176]) und hatte rasch eine Division auf den bedrohten Punct geworfen. Ohne das eingetretene Elementarereigniß wäre der Verlust der Franzosen bei weitem größer gewesen. So aber hinderte die eingebrochene Dunkelheit den Fürsten Alois Liechtenstein Kninitz zu erreichen; Feldmarschall-Lieutenant Lederer kam aus derselben Ursache nur bis Bohna [177]).

Napoleon suchte der argen Schlappe die günstigste Seite abzugewinnen. Er ließ das Ganze nur als eine Erkennung des Feindes gelten und dem Könige von Sachsen nach Dresden mittheilen: „man habe sich überzeugt, daß das große verbündete Heer in der Gegend von Teplitz stehe." Er ging nach Peterswalde zurück, wo er übernachtete.

Für den andern Tag waren die Verbündeten auf eine kräftigere Erneuerung des Kampfes von Seite der Franzosen gefaßt; der gefangene General Creutzer hatte ausgesagt, daß Napoleon im Sinne habe, die Stellung bei Tellnitz um jeden Preis zu forciren. Fürst Schwarzenberg ließ daher den Erbprinzen von Hessen-Homburg mit der ganzen Reserve von Dux, den Grafen Ghulai mit seinem Armeecorps von Brüx aufbrechen und beide ungefähr in die Stellung rücken, die Colloredo Tags zuvor eingenommen hatte. Ein Theil der russischen Reserve-Cavallerie wurde bis gegen Deutsch-Neudörfel vorgezogen; die Höhen vor Kulm und rechts gegen den Strisowitzer Berg hin besetzte zahlreiche Artillerie.

Zietzen hatte wie am Tage zuvor die Stellung bei Vorder-Tellnitz inne; er wurde des Morgens von den Franzosen angegriffen, die ihre gestrigen Anstrengungen erneuern zu wollen schienen, aber dießmal dem tapfern Gegner keinen Fußbreit Boden abgewinnen konnten. Auf den übrigen Puncten machte der Feind keinen Angriff.

Fürst Schwarzenberg wartete den ganzen Vormittag. Als von Napoleon's Seite nichts erfolgte, befahl er dem Grafen Merveldt, eine verstärkte Recognoscirung gegen Kninitz vor-zunehmen, um sich zu überzeugen, ob der Feind noch mit Macht bei Nollendorf stehe. Der Oberfeldherr begab sich selbst auf das Schlachtfeld und nahm auf einer Höhe Stellung, von welcher man gegen Kninitz hinübersehen konnte.

[176]) Odeleben S. 304.
[177]) Relation B S. 6.

Gegen drei Uhr Nachmittag setzten sich die verschiedenen Colonnen in Bewegung [178]. Fürst Alois Liechtenstein ging über Johnsdorf, den Tannichberg links lassend, vor, Baron Lederer über Bohna, Graf Sorbenburg mit Kienmayer-Husaren (Nr. 8) und Johann-Dragonern über Zuckmantel, General Longeville zur Deckung der rechten Flanke über Klein-Kahn gegen Königswalde.

Als diese verschiedenen Heerestheile die bestimmte Höhe erreicht hatten, griff Major Joseph Simbschen, der sich mit einem Bataillon Gradiscaner unbemerkt der buschigen Höhe rechts von Kninitz genähert hatte, den Feind im Sturmschritt an und warf ihn aus seiner Stellung; ein Bataillon Strauch, von General Samuel von Giffing und Oberst Reisenfels geführt, drang unaufhaltsam in Kninitz ein, während Fürst Liechtenstein die kahle Anhöhe links vom Orte besetzte.

Aber nun begannen die Franzosen ihre Kräfte zu entwickeln. Zwei leichte Bataillons mit acht Geschützen rückten von der Nollendorfer Höhe gegen Kninitz herab; aus dem Walde, der die Chaussée deckte, brachen 10—12 Bataillons mit mehreren Geschützen hervor; auf der Höhe gegen Oberwalde erschienen 16 Escadrons Reiterei. Napoleon war selbst in die Nähe des Kampfplatzes herabgekommen [179] und machte mit seinem Stabe auf einem Puncte oberhalb Kninitz Halt, von wo sein Gegner auf ihn hinübersehen konnte. Unter des Kaisers Augen drangen seine Soldaten muthig vor, während Merveldt unter dem Schutze einer mäßigen Kanonade seine Truppen im Angesicht des überlegenen Feindes schachbrettförmig (en echiquier) zurückzog und das eroberte Dorf wieder dem Feinde überließ. Aber schon hatte Fürst Schwarzenberg eine Brigade des Corps Colloredo und einige Escadrons zur Unterstützung herbeigezogen und Napoleon, die sich entwickelnden Kräfte der Oesterreicher bemerkend, verließ seinen Standpunct, indem er das Commando an den Grafen von Lobau übergab. „Nun hat er den Entschluß, in Böhmen einzubrechen, für immer aufgegeben," sagte Fürst Schwarzenberg, der Napoleon's Abreiten beobachtet hatte, scherzend zu seiner Umgebung [180].

Und so geschah es denn auch.

Die Franzosen behielten Kninitz, wagten sich aber nicht über den Ort hinaus. Während der Vorgänge auf diesem Schauplatze war St. Cyr Mittags über Ebersdorf vorgedrungen und hatte die Truppen Barclay's über den Geiersberg und gegen Ober-Graupen zurückgedrängt; mehrere Stunden lang wurde da lässig gekämpft, bis sich die Franzosen vier Uhr Nachmittags wieder zurückzogen. In der Nacht vom 18. auf den 19. hörten die preußischen Vorposten bei Vorder-Tellnitz den Feind Bäume fällen und an dem Verhack arbeiten [181]; aber anderen Tages verließen die Franzosen den Wald und zogen sich hier und bei Kninitz bis Nollendorf und weiter über Peterswalde in die Stellung bei Berggießhübel und Königstein zurück. Am 20. ließ Fürst Schwarzenberg die Nollendorfer Höhe wieder besetzen und schob seine Vorposten bis Schönwald gegen St. Cyr und bis Hellendorf gegen Lobau vor u. s. w.

[178] Relation B S. 8 f.
[179] Französische Gefangene, die hier gemacht wurden, sagten aus, der Kaiser selbst habe die zwei Bataillons Voltigeurs von Nollendorf herabgeführt; Relation B S. 9.
[180] Prokesch S. 193 f.
[181] Plotho II S. 213.

Napoleon befand sich bereits in Pirna, am 21. wieder in Dresden. Einige russische Feldstücke, die irgendwo erbeutet worden waren, sollten in der sächsischen Hauptstadt seinem Erscheinen das Ansehen eines Sieges geben. Allein in den folgenden Tagen trafen lange Züge von Verwundeten an, die es der ungläubigen Bevölkerung verriethen, daß auch dieser Angriff mißlungen war [182]).

15.

Die Gefechte bei Kninitz und Arbesau am 17. und 18. September waren das Nachspiel der Schlacht von Kulm und der letzte Versuch dieser Art von Seite der Franzosen. Jene sowie diese waren der erste entschiedene Erfolg, den die drei großen Verbündeten im gemeinsamen Zusammenwirken gegen den stolzen Bau der Napoleonischen Herrschaft errangen. In diesem Sinne sprach denn auch der große Feldherr, dessen edler Natur Mißgunst und kleinliches Abwägen fremd waren, in seinem officiellen Berichte über die Schlacht bei Kulm: „Die wetteifernde Tapferkeit aller alliirten Truppen, das unaufgeforderte gegenseitige Zusammenwirken der Herren Generale und aller Truppen-Commandanten und die erhöhte Achtung, welche Russen, Preußen und Oesterreicher an diesem Tage wechselseitig für einander empfanden, schlossen die Bande dieser für den erhabenen Zweck der Unabhängigkeit von Europa kämpfenden Armeen noch enger und erregten in jeder Brust den Wunsch nach neuen ähnlichen Thaten" [183]).

Und so verlor auch, selbst nachdem die größere That von Leipzig geschehen, der schließliche Erfolg von Paris errungen war, die Kulmer Schlacht nichts an der hohen Bedeutung, die man ihr gleich in den ersten Tagen beigemessen hatte. Nach dem glücklich beendeten Feldzuge des folgenden Jahres, nach der Erreichung des großen Zieles, das die Fürsten und Völker Europa's wie nie früher im ganzen Verlaufe ihrer Geschichte zu gemeinsamem Handeln vereinigt hatte, war es das Andenken an die Schlacht bei Kulm, woran Kaiser Alexander von Rußland einen Act hoher Dankbarkeit für die Officiere seiner tapferen Armee knüpfte. Mit Tagesbefehl vom 18. bis 29. August 1814 setzte der russische Monarch ein eigenes Comité nieder, das die Gesuche aller „in dem letzten, seiner glorreichen Begebenheiten wegen unvergeßlichen Kriege, verwundeten Generale, Stabs- und Ober-Officiere," die sich an seine Gnade um eine Unterstützung wenden würden, entgegenzunehmen, zu prüfen und mit einem Gutachten ihm vorzulegen hätte [184]).

Und so blieben auch die Feldherren und die Truppen, die zu dem glorreichen Erfolge von Kulm mitgewirkt hatten, fortwährend ein Gegenstand dankbarer und bewundernder Erinnerung für die Fürsten, unter deren Fahnen, und für die Völker, für deren Befreiung sie gestritten hatten. Zur Zeit des Wiener Congresses brachten die böhmischen Damen dem

[182]) Darstellung der Ereignisse in Dresden im Jahre 1813. Von einem Augenzeugen. Dresden, 1816, Arnold. S. 144.
[183]) Relation S. 23.
[184]) Danilewsky S. 164

wackern Ostermann einen Pokal dar, geschmückt mit Steinen aus allen Kreisen des Landes zum Zeichen, daß kein Theil Böhmens sich von dieser anerkennenden Huldigung ausgeschlossen habe. Ostermann ließ die Namen der Regimentschefs, die an der Schlacht theilgenommen, und der Ober-Officiere, die dabei gefallen waren, mit dem altrussischen Spruche eingraben: „Das Gebet zu Gott und der Dienst für den Herrscher geht nicht verloren" und widmete die kostbare Gabe dem Regimente Preobraschensk, dessen Soldaten alljährlich in der Regiments-kirche zur Zeit der großen Fasten nach Austheilung des heiligen Abendmahles der warme Trunk daraus verabreicht werden sollte [185]).

Nachträglich erhielt der preußische General Kleist für den heldenmüthigen Entschluß, dessen opfervolle Ausführung dem Unternehmen der Verbündeten so sehr zu statten kam, das Prädicat „von Nollendorf". Aber auch der österreichische Major Ignaz Möse von Kaunitz-Infanterie, der am 17. September 1813, ungeachtet er in Folge eines Sturzes in einem sehr leidenden Zustande war, während der ganzen hitzigen Affaire sein Bataillon tapfer angeführt hatte [186]), erhielt den Beinamen „von Nollendorf". Gleicherweise entnahm Oberstlieutenant Carl Call sein Prädicat „von Kulmbach" dem Schlachttage vom 30. August 1813, obgleich er die Auszeichnung des Theresienkreuzes und die Erhebung in den Adelstand zunächst nicht der Erstürmung des Kulmer Schlosses, sondern seinen Heldenthaten auf dem Leipziger Schlachtfelde verdankte.

Im Jahre 1817 errichtete König Friedrich Wilhelm III. nächst dem Posthause von Arbesau seinen am 30. August 1813 gefallenen Helden ein mit dem Ehrenkreuze, der höchsten militärischen Auszeichnung Preußens, geschmücktes Denkmal. Im Jahre 1825 erhob sich die schlanke Spitzsäule, welche die österreichische Armee dem Andenken des drei Jahre früher verstorbenen Grafen Hieronymus Colloredo widmete. Zehn Jahre darauf (1835) fand in der Nähe von Pristen im Beisein der Monarchen von Oesterreich, Rußland und Preußen die feierliche Grundsteinlegung der prachtvollen von dem Standbilde der Sieges-göttin mit Griffel und Tafel überragten Ehrensäule statt, die Kaiser Ferdinand in Vollzie-hung eines Beschlusses seines verstorbenen kaiserlichen Vaters Franz I. den am 29. August 1813 auf blutgetränktem Boden gefallenen russischen Garden setzen ließ.

So ragen sie in die Höhe, die stummen und doch so beredten Erinnerungszeichen an eine vergangene glorreiche Zeit und wenn der Beschauer, aus ernstem weihevollen Nachdenken sich aufraffend, seine Blicke erhebt und in dem herrlichen Thalkessel herumführt, dann wird er die großartigeren Denkmale gewahr, die hoch aufgerichtet bis in die fernsten Jahrhunderte Zeugenschaft von den Thaten ablegen werden, die furchtbar und blutig, aber herrlich und heilbringend zu ihren vieltausendjährigen Füßen gethan worden sind.

— — — Die Pyramiden Aegyptens
Nennen sie Zeugen des Sieges; die Pyramiden, die Gott schuf,
Diese Gebirge, die hoch in Gottes Tempel sich thürmen,
Jene herrlichen Höh'n sind unserer Tapferkeit Zeugen [187]).

[185]) Danilewsky S. 167 f.
[186]) Relation B S. 7.
[187]) Dr. E. D. Dietrich Teplitz in der Vorzeit und Gegenwart S. 13.

Der Wiener Zoll = 1600 Wiener Klafter.   Gezeichnet von Ant. Mack, Official des k. k. mil. geogr. Instituts.

Aus d. k. k. Hof v. Staatsdruckerei.